让诗意润泽心灵

德育校本课程的开发与实施

陈亚兰 著

RANG SHIYI RUNZE XINLING
DEYU XIAOBEN KECHENG DE KAIFA YU SHISHI

江苏凤凰教育出版社
Phoenix Education Publishing, Ltd

图书在版编目（CIP）数据

让诗意润泽心灵：德育校本课程的开发与实施／陈亚兰主编．—南京：江苏凤凰教育出版社，2017.11

ISBN 978-7-5499-7024-7

Ⅰ.①让… Ⅱ.①陈… Ⅲ.①德育—教育探究—小学 Ⅳ.①G621

中国版本图书馆CIP数据核字（2017）第303170号

书　　名	让诗意润泽心灵——德育校本课程的开发与实施
作　　者	陈亚兰
责任编辑	雷利军　李媛媛
出版发行	江苏凤凰教育出版社（南京市湖南路1号A楼　邮编210009）
苏教网址	http://www.1088.com.cn
照　　排	北京世纪鸿文制版技术有限公司
印　　刷	三河市九洲财鑫印刷有限公司
厂　　址	河北省三河市灵山大口
开　　本	787毫米×1092毫米　1/16
印　　张	16.5
字　　数	287千字
版　　次	2018年4月第1版　2018年4月第1次印刷
书　　号	ISBN 978-7-5499-7024-7
定　　价	40.00元
网店地址	http://jsfhjycbs.tmall.com
邮购电话	025-85406265，85400774　短信　02585420909
E-mail	jsep@vip.163.com
盗版举报	025-83658579

苏教版图书若有印装错误可向承印厂调换
提供盗版线索者给予重奖

编委会

丛书总主编 钱丽美

丛书副主编 顾惠芬　许华章

丛书顾问 吴永军

丛书编委 吴琴玉　丁小明　金　华　徐文英　王　燕
　　　　　　徐彩芬　陈亚兰　殷利丹　倪　敏

本书主编 陈亚兰

本书编委 蔡彩霞　蔡　芬　曹丽娟　巢　岭　曹晓曙
　　　　　　陈　露　戴业鸣　房丽丽　费菊媛　黄　鹊
　　　　　　黄汝群　黄　莺　洪丽英　金　超　李鑫明
　　　　　　林燕群　刘杏妹　潘　虹　钱红霞　钱雨宁
　　　　　　邵文雅　盛惠娟　万　婧　吴静娟　夏　虹
　　　　　　徐　佳　徐　娴　薛建萍　杨建芬　杨　萍
　　　　　　杨新艳　杨　楹　姚志娟　叶小兰　张彩亚
　　　　　　章宏恒　张　洁　章　叶　张园园　赵欧亚
　　　　　　周　菲

序

　　我与龙虎塘实验小学的班主任、学生工作部的教师们交往与合作多年，与许多学生、家长也熟悉。当读到这本书时，当通过阅读而回想起许多观摩、研讨过的教育现场时，我头脑中跃然而出的是"诗意""创生"和"积淀"三个关键词。

　　在这所学校中，有着诗意的浸润。为了促进学生的成长，为了守护学生的诗性，龙虎塘实验小学的教师们以仁爱之心投入工作中。为了改变原有德育工作散乱无序的状态，为了促成每个年段学生的发展，为了让每个学生在学校生活中获得存在感和成就感，龙虎塘实验小学的教师们在研究、实践，在反思、重建，在交往、对话。我每次走进龙虎塘实验小学的校园，走进班级活动现场，都能直接感受到教师们的教育定力，感受到他们从内而外散发出的教育追求。诗意，就在这所校园中，在教师们的工作中，在学生的生存与发展中。

　　在这所学校中，有着创生的力量。教育原本就与创造同行。但可惜的是，有些学校的教师、学生工作系统充满着陈腐之气和陈旧之事。而在龙虎塘实验小学，不同年段、不同层面一直有着创生的项目、内容、方法，不断诞生着新理念、新思路。以我较熟悉的"三力驱动、三环交融"式家校合作为例，这个项目与研究思路不仅影响了龙虎塘实验小学的学生和家长，而且促成了全国更多学校的合作，甚至走上了国际对话的平台。

　　在这所学校中，有着积淀的韵味。学生成长于日常之中，学校发展于日常之中。如果没有良好的积淀，再好的追求，再有意义的探索，都可能会流逝、消散。而龙虎塘实验小学通过本书的撰写，更通过积淀在每一天的创造性实践，将诗意的追求与格调、创生的项目与灵性，转化为可实施、可学习、可再生的教育资源，转化为围绕学校培养目标有机展开的教育实践。因此，这本书不仅有着目标、结构和内容，更有着持续生长的力量，有着有机融通的思维，有着教育创造的思路。

　　我一直相信，人是有力量的，人的灵性、理性也能在实践中不断得到

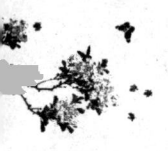

滋养。龙虎塘实验小学的教师们,通过这本书呈现出自己的立场、信念和智慧。我更加相信,这是孕育未来、促成学生诗意成长的新力量!

华东师范大学　李家成

前　言

　　目前，国内学者认为，德育课程包括一切具有道德教育性质、道德教育意义和作用，对学生品德发展有影响力的教育因素。而校本德育课程指的是学校根据自己的教育理念，在对学生的需求进行系统评估的基础上，充分利用当地社区和学校的课程资源，通过自行研讨、设计或与专业研究人员及其他力量合作等方式编制出来的多样性的、可供学生选择的课程。

　　叶澜教授指出，教育是直面人的生命、通过人的生命、为了人的生命质量的提高而进行的社会活动，是以人为本的社会生活中最体现生命关怀的一种事业。当我们以这样的教育观来看待当前学校的德育工作时，会发现以下一些问题。一是德育活动呈现碎片化、表面化。为了完成上级布置的工作，为了展示素质教育成果，便组织了诸多"节"、诸多"比赛"，表面热热闹闹，实际"闹"过就算，忽视了班级日常生活的教育价值。二是德育活动呈现点状化。德育活动缺乏对学生生存状态和成长需求的研究，缺乏学生的主动策划、参与、评估，更缺乏整体、序列活动的设计，使活动的教育价值窄化甚至功利化。三是德育活动呈现割裂化。不仅与其他学科教师割裂，对各年级更缺乏长期设计，比如，小学中高年级都会开展以感恩为主题的活动，目标、形式和内容却缺乏螺旋递进的提升过程。这样的德育，不仅会使学生的成长缺乏整体性、综合性和丰富性，还会使德育工作者及广大班主任疲于应付，影响教师的主动性、创造性、切实性，把素质教育与学科成绩生硬地割裂开来，把学校教育与家庭教育生硬地割裂开来。

　　为了提升德育的价值，促进学生生命的发展，也为了使德育工作者尤其是班主任的工作更有条理性、系统性、科学性，提升教师的职业幸福感，我们龙虎塘实验小学根据十八大提出的社会主义核心价值观及中国学生发展核心素养，结合我校"为诗意人生奠基"的办学理念以及"阳光、灵动、文雅"的学生发展目标设定了我校的德育校本课程目标，并整合上级教育部门布置的共性活动，梳理我校多年来进行新基础教育研究的优秀

活动案例，聚合全体班主任的力量，形成了我校的德育校本课程。本课程的特色是坚持对学生生活的关注、研究和重建，促进学生主动、健康成长；形成生命成长的全程综合意识，聚焦学生的成长需要；实现成长教育系列性、有机性和活动的育人价值。

在本书中，一年级活动课程实施方案由吴静娟、赵欧亚主笔，二年级活动课程实施方案由潘虹、金超主笔，三年级活动课程实施方案由洪丽英、戴业鸣、黄鹊主笔，四年级活动课程实施方案由张彩亚、万婧、徐佳主笔，五年级活动课程实施方案由夏虹、张洁、黄莺主笔，六年级活动课程实施方案由林燕群、钱雨宁主笔。

当然，在使用本书中提到的一些方案时，广大教师仍需要根据时代的发展和不同地区、不同学生的特点进行合理调整和智慧创造，以提升德育的品质和价值。

目 录

第一章 德育课程开发纲要

第一节 德育课程开发背景 ·· 3
  一、基于对社会主流价值的思考 ································ 3
  二、基于对当代教育改革主流价值的思考 ···················· 3
  三、基于对我校主流价值的再思考 ····························· 4
第二节 德育课程目标 ··· 4
  一、我校德育课程目标 ·· 4
  二、我校德育课程目标细化 ······································ 5
第三节 德育课程内容 ·· 10
  一、"龙娃诗意成长"课程内容体系 ··························· 10
  二、"龙娃诗意成长"课程主题活动 ··························· 10
第四节 德育课程实施建议及评价 ······································· 13
  一、德育课程实施建议 ··· 13
  二、德育课程评价 ··· 15

第二章 一年级活动课程实施方案

第一节 红领巾呀我爱你 ·· 19
  活动一：红领巾在召唤——少先队知识我知道 ············ 20
  活动二：红领巾，我爱你——我向英雄学习 ··············· 22
  活动三："我能行，我骄傲"自理争章活动 ·················· 24
  活动四："红领巾胸前飘"少先队入队仪式 ·················· 27

第二节	文明礼仪伴我行	29
	活动一：文明用语我先行	30
	活动二：手儿相牵留文明	33
	活动三：文明出行，我能行	35
	活动四：文明游戏，心儿乐	40
第三节	欢天喜地闹元宵	41
	活动一：元宵节是怎么来的	42
	活动二：元宵古诗、儿歌知多少	44
	活动三：欢欢喜喜闹元宵	46
第四节	我与春天手拉手	48
	活动一：走进春天	49
	活动二：分享春天	51
	活动三：唱响春天	56

第三章　二年级活动课程实施方案

第一节	趣味游戏乐参与	63
	活动一：安全课间，快乐游戏	63
	活动二：玩游戏，明规则	66
	活动三："绳"采飞扬	68
第二节	团团圆圆庆中秋	70
	活动一：月儿圆圆话中秋	71
	活动二：中秋佳节有诗情	75
	活动三：我打算这样过中秋	77
第三节	班级岗位我能行	79
	活动一：小岗位，我竞聘	80
	活动二：小岗位，明职责	82
	活动三：小岗位，大明星	84
第四节	课外阅读伴成长	85
	活动一：绘本故事我会读	87

　　活动二：共读书目我分享 …………………………………… 89

　　活动三：快乐书虫我来当 …………………………………… 91

第四章　三年级活动课程实施方案

第一节　浓浓九月情 …………………………………………… 97
　　活动一：重阳活动我策划 …………………………………… 98
　　活动二：重阳知识我知道 …………………………………… 99
　　活动三：我与老人同行 …………………………………… 102

第二节　我来学当家 …………………………………………… 103
　　活动一：我有一个家庭小岗位——家庭岗位设置 ………… 104
　　活动二：家庭岗位聪明做——家庭岗位展示 ……………… 105
　　活动三：家庭岗位小能手——家庭岗位评价 ……………… 108

第三节　幸福十岁礼 …………………………………………… 110
　　活动一：集体生日活动策划 ……………………………… 111
　　活动二：集体生日活动汇报 ……………………………… 112
　　活动三："我在成长"活动策划 …………………………… 114
　　活动四："我十岁了"之成长有约 ………………………… 116

第四节　缤纷运动乐 …………………………………………… 119
　　活动一：漫游运动王国 …………………………………… 120
　　活动二：运动小达人 ……………………………………… 121
　　活动三：体育节，我来啦 ………………………………… 122
　　活动四：赛场显风采 ……………………………………… 123
　　活动五：为我喝彩——体育节岗位评价 ………………… 124

第五章　四年级活动课程实施方案

第一节　午间自主乐 …………………………………………… 129
　　活动一：午间微课程阶段性评价——前期策划 ………… 130
　　活动二：午间微课程阶段性评价——小队汇报 ………… 131

第二节	春联大文化 …………………………………… 133
	活动一：小春联，大文化 ………………………… 134
	活动二：小春联，巧设计 ………………………… 136
	活动三：小春联，进社区 ………………………… 138
第三节	大课间真精彩 …………………………………… 139
	活动一：大课间活动策划 ………………………… 140
	活动二：大课间活动调查汇报 …………………… 144
	活动三：大课间活动真精彩 ……………………… 146
	活动四：大课间，动起来 ………………………… 147
第四节	社团常州行 ……………………………………… 149
	活动一：常州一日自助游 ………………………… 151
	活动二：研究方案大家谈 ………………………… 152
	活动三：我是常州宣传员 ………………………… 153

第六章　五年级活动课程实施方案

第一节	小龙娃安全行 …………………………………… 161
	活动一：安全知识大看台 ………………………… 162
	活动二：安全隐患我发现 ………………………… 166
	活动三：安全行，我策划 ………………………… 167
	活动四：我是安全小卫士 ………………………… 168
第二节	志愿者进社区 …………………………………… 170
	活动一：行动方案策划 …………………………… 171
	活动二：小队自主行动 …………………………… 173
	活动三：缤纷冬日，精彩延续 …………………… 175
	活动四：道德讲堂，志愿接力 …………………… 177
第三节	缅忠魂，明荣辱 ………………………………… 179
	活动一：我眼中的清明 …………………………… 180
	活动二：扫墓在行动 ……………………………… 183
	活动三：缅怀革命先烈，弘扬革命精神 ………… 187

第四节　小眼睛看世界 …………………………………………… 192
　　活动一："游"名城，我们关注——童眼看中国 ………… 193
　　活动二："游"名城，我们创意——策划方案 …………… 195
　　活动三："游"名城，我们行动——展示成果 …………… 198
　　活动四："游"名城，我们完善——总结得失 …………… 200

第七章　六年级活动课程实施方案

第一节　好少年善追"风" …………………………………………… 205
　　活动一：时尚大搜罗 ………………………………………… 206
　　活动二：时尚连连看 ………………………………………… 207
　　活动三：时尚大家谈 ………………………………………… 207
　　活动四：我们的追"风"秀 …………………………………… 212

第二节　始规划，明方向 …………………………………………… 213
　　活动一：走进"三百六十行" ………………………………… 214
　　活动二：热议"三百六十行" ………………………………… 217
　　活动三：体验"三百六十行" ………………………………… 219

第三节　乐读《西游记》 …………………………………………… 221
　　活动一：读"西游"，谈感受 ………………………………… 222
　　活动二：话"西游"，品生活 ………………………………… 223
　　活动三：我的理想大家谈 …………………………………… 224

第四节　毕业礼，我们行 …………………………………………… 226
　　活动一：毕业典礼，我们憧憬 ……………………………… 227
　　活动二：毕业典礼，我们调查 ……………………………… 228
　　活动三：毕业典礼，我们聚焦 ……………………………… 231
　　活动四：毕业典礼，我们策划 ……………………………… 233
　　活动五：毕业典礼，我们参加 ……………………………… 234

后　记 ……………………………………………………………… 239

第一章 德育课程开发纲要

第一节　德育课程开发背景

一、基于对社会主流价值的思考

党的十八大报告用 24 个字分三个层次精辟地概括了社会主义核心价值观的内涵：从国家层面看，是"富强、民主、文明、和谐"；从社会层面看，是"自由、平等、公正、法治"；从公民个人层面看，是"爱国、敬业、诚信、友善"。社会主义核心价值观是中国特色社会主义的主流意识形态，是公民思想道德建设的核心，是学校德育工作的灵魂。

核心素养课题组历时三年集中攻关并经教育部基础教育课程教材专家工作委员会审议，形成了中国学生发展核心素养：以科学性、时代性和民族性为基本原则，以培养全面发展的人为核心，分为文化基础、自主发展、社会参与三个方面，综合表现为人文底蕴、科学精神、学会学习、健康生活、责任担当、实践创新六大素养。这六大核心素养的提出，是落实立德树人根本任务的一项举措，也是我们适应世界教育改革发展趋势、提升我国国际竞争力的迫切需要。

二、基于对当代教育改革主流价值的思考

《国家中长期教育改革和发展规划纲要（2010—2020 年）》明确规定："坚持德育为先。立德树人，把社会主义核心价值体系融入国民教育全过程。"因此，培养学生良好的道德品行成为学校教育的重中之重。

学校德育工作千头万绪，从课堂教学到校园活动，从校内教育到校外延伸，从学生引导到家庭、社会共育……内容、形式、方法等都十分丰富。每学年，上级部门都有明确的推进重点，而学校必须根据校情、学情，从实际出发，这样才能取得实效。因而，学校德育必须从目标、内容、实施等入手，进行整体规划，既有相对稳定，又有即时生成，从而确保德育工作有序、有效地开展。

随着我国新课程改革的不断推进，社会各界人士逐渐关注起校本课程开发与利用等问题，校本课程开发已成为我国课程开发的重要方向。以课

程为引领，开发校本课程，推进德育活动，不失为统筹思考、扎实开展学校工作的有效策略。校本德育课程是以学生现实的环境和条件为背景，以学生现实的需要为出发点，以学生和教师为主体构建的课程。校本德育课程的开发，既有对基础型课程中学科教学内容的拓展，又使既定拓展与即时拓展相结合，并延伸开展相应的探究活动，同时在科目设计中涵盖学校德育的主要内容，在整体规划的基础上层层深入，能有效提升德育效果。

三、基于对我校主流价值的再思考

首先，从学生的角度来看，我校以"为诗意人生奠基"为办学理念，对学生的培养提出了三个关键词"阳光、灵动、文雅"。"阳光"即形成积极向上的人生态度、和谐健康的人生观和价值观，"灵动"即培养乐学、善思、活泼、创新的学习方式，"文雅"即养成文明守礼的言行举止和谦谦君子的为人处世的方式。

其次，从教师的角度来看，我校要求教师应"大气、睿智、浪漫"。教师不仅是课程的执行者，也是校本课程的开发者。校本德育课程的开发，强化了教师的课程意识，引导教师不仅关注实施操作，更从课程构建的层面进行思考；不仅知道怎么做，更清楚地知道为什么做，怎样做才能产生更好的效果。因此，校本课程建设十分有利于督促教师不断学习、研究，建立课程意识，更新知识结构，改变教学方式，开发课程资源。

最后，从学校的角度来看，我校坚持新基础教育研究多年，在德育工作领域积累了较为丰富的经验和资源，很多主题活动成了学校的品牌。如果以校本课程的方式对其进行串联和聚化，就是对校园文化较好的传承和创生。

第二节 德育课程目标

一、我校德育课程目标

根据十八大提出的社会主义核心价值观及中国学生发展核心素养，结合我校"为诗意人生奠基"的办学理念及"阳光、灵动、文雅"的学生发展目标制订我校的校本德育课程目标，包括以下三个方面。

（一）阳光：形成积极向上的人生态度、和谐健康的人生观和价值观

1. 掌握一定的生活技能，形成安全、健康、环保的生活方式。
2. 逐步培养自信、乐观的健全人格，具有战胜危机的顽强意志和能力。
3. 能尊重、理解他人，包容不同见解的存在，尊重不同的文化。
4. 树立远大的人生理想，有明确的追求目标。

（二）灵动：培养乐学、善思、活泼、创新的学习方式

1. 主动学习，感受到学习的快乐，形成较强的学习力。
2. 善于运用知识、利用资源，有效解决生活与学习问题。
3. 善于发现，勇于质疑，大胆创新，发展创造性思维。
4. 拥有正向的个人爱好，形成一定的特长。

（三）文雅：养成文明守礼的言行举止和谦谦君子的为人处世的方式

1. 温文尔雅，具备诚实守信、友爱宽容、谦逊有礼等基本的立身之道。
2. 遵守规则，培养初步的公民意识，具有良好的社会公德。主动参与社会实践活动，形成亲社会的情感及能力。
3. 与他人平等地交流与合作，积极参与集体活动。
4. 主动阅读中外经典书籍，积累经典篇章，具备一定的文学修养。

二、我校德育课程目标细化

每个德育目标的达成都不是靠一个活动或一节课就能实现的，学生的习惯、能力的形成是循序渐进、不断提升的过程。我们将每个目标分解到三个年段，逐步实现，即在科学分析了我校低、中、高年段不同学生的发展水平和成长需要后，将总目标进行细化，通过长程设计循序渐进地达成学生成长总目标。具体内容如下页表所示。

总目标	低年段目标	中年级目标	高年段目标
		阳光	
掌握一定的生活技能,形成安全、健康、环保的生活方式。	1. 按时作息,养成良好的饮食习惯和个人卫生习惯,生活有规律,知道初步的保健常识并能在生活中运用。 2. 在生活中,自己能做的事情自己做,积极参与班级、家庭劳动,感受劳动的乐趣。 3. 热爱体育运动,在丰富多彩的体育游戏中享受快乐。	1. 知道日常生活中有关安全的常识,有安全意识和基本的自护自救能力,爱护自己的身体,注重健康。 2. 学习料理自己的生活,养成良好的生活习惯,关心家庭生活,愿意分担家务,有一定的家庭责任感。 3. 每天参加丰富多彩的体育运动,形成一定的运动技能,提高自己的身体素质。	1. 了解迷恋网络和电子游戏等不良生活习惯的危害,自觉抵制不健康的生活方式,珍爱生命,过积极、健康的生活。 2. 了解青春期常识,掌握阳光、合适的异性交往方式。 3. 主动承担家务,体谅家长的难处,知道合理消费、勤俭节约的途径和方法,能为家庭生活提出合理建议。 4. 积极主动地参加阳光体育,发扬顽强拼搏的体育精神,养成良好的锻炼习惯。
逐步培养自信、乐观的健全人格,具有战胜危机的顽强意志和能力。	1. 做事、学习有自信,待人接物大方热情。 2. 能大方地表达自己的见解,高兴地学、愉快地玩,能看到自己的成长和进步。	1. 了解自己的特点,发扬自己的优势,有自信心。 2. 面对学习和生活中遇到的问题,尝试自己解决,能以积极的态度应对。	1. 知道人各有所长,能扬长避短。 2. 能够积极面对学习和生活中遇到的困难和问题,学会沉着应对,能自己解决的困难克服困难,取得成功的乐趣,形成积极向上的生活态度。

(续表)

总目标	低年段目标	中年段目标	高年段目标
能尊重、理解他人，包容不同意见，尊重他人的存在，了解不同的文化。	1. 尊重师长，尊重同伴。 2. 能耐心听从师长的教导，欣赏同伴的优点，初步学会交往。	1. 尊重他人，学会欣赏，能听取别人的合理建议和意见。 2. 了解在公共生活中存在着不同的社会群体，各种群体掌有同等的公民权利，尊重他人，不歧视他人，不对他人抱有偏见。	1. 有家庭责任感，知道家庭成员之间应该相互沟通和谅解，学习化解家庭成员之间的矛盾的方法。 2. 反思自己在生活和学习中的得失，明辨是非，乐意接受他人的正确意见。 3. 了解民族文化的差异性和丰富性，学会尊重和欣赏。
树立远大的人生理想，有明确的追求目标。	1. 喜欢集体生活，爱护班级和学校荣誉。 2. 在父母、教师的帮助下，明确成为一名合格少先队员的追求目标，并为之努力。	1. 了解家乡的风景名胜，感受家乡的发展变化，为自己是常州人感到自豪。 2. 尝试制订一学期成长目标，并努力去达成。 3. 以自己身边的优秀人物为榜样，积极进取，争取成为一名优秀的少先队员。	1. 尝试研究家乡的历史、文化、民风民俗，为创建美好常州献计献策。 2. 有明确的学习目标，并为之奋斗，努力成为合格的小学毕业生。 3. 了解自己的优势，并初步形成一定的职业规划意识。

（续表）

总目标	低年段目标	中年级目标	高年段目标
		灵动	
主动学习,感受到学习的快乐,形成较强的学习力。	1. 自觉学习,尝试离开家长的帮助,逐步养成独立完成各项作业的习惯。 2. 初步会用观察、比较、调查等方法进行简单的探究活动。	1. 敢于尝试有一定难度的任务或活动。 2. 学会合理安排时间,掌握有效的学习方法,感受学习的快乐。	1. 主动学习,在独立学习的基础上,善于和他人合作、交流,形成较强的学习力。 2. 乐于接受和传承祖国的优秀文化,并逐步着眼于世界文化,学会兼容并蓄。
善于运用知识,利用资源,有效解决生活与学习问题。	在师长和同伴的帮助下了解解决生活和学习中遇到的困难。	能利用网络、词典、书籍报刊等收集资料,形成处理信息的能力,从而解决问题。	1. 关心时事,努力增强对各种信息的甄别能力,形成自己的观点。 2. 合理利用有效信息,解决各类问题。
善于发现,勇于质疑,大胆创新,发展创造性思维。	1. 有好奇心,对周围环境充满兴趣,喜欢接触新鲜事物。 2. 喜欢提问和探寻问题的答案,能与同伴交流、分享、反思探究的过程或成果。	1. 对学习和生活中的一些问题能提出自己的疑问。 2. 根据质疑的内容和同伴进行主动探究。	1. 对他人的意见能进行判断,并批判性地吸收,对人对事能提出中肯可行的建议。 2. 能根据自己的兴趣进行比较深入的研究,形成自己的研究成果。
拥有正向的个人爱好,形成一定的特长。	1. 在师长的帮助下,丰富课余生活,发现自己的爱好。 2. 对自己感兴趣的领域进行尝试。	1. 清晰自己的优势和不足,明确自己的爱好。 2. 有钻研精神,对自己喜爱的领域进行深入学习。	1. 在了解自己的基础上,发展自己的爱好,努力形成一定的特长。 2. 借助各种平台,展示自己的特长,获得一定的成就感。

（续表）

总目标	低年段目标	中年级目标	高年段目标
		文雅	
温文尔雅，具备诚实守信、友爱宽容、谦逊有礼等各基本的立身之道。	1. 衣着得体，整洁、大方，坐有相，站有样，走有姿，面带微笑，落落大方。 2. 懂礼貌，诚实、友善，行为举止文明。	1. 与人交往彬彬有礼，谈吐文雅，举止文明。 2. 衣着得体，不盲目追求奢侈品牌。 3. 体会同学之间真诚相待、互相帮助的友爱之情。	1. 熟知"八礼四仪"的内容，规范自己的各种言行。 2. 不戴首饰，行为举止符合小学生的年龄特点和身份，不盲目追求奢侈品牌。 3. 与人相处宽容大度，谦逊有礼。
遵守规则，培养初步的公民意识，具有良好的社会公德。主动参与社会实践活动，形成关爱社会的情感及能力。	1. 遵守秩序，爱护公物，明辨是非。 2. 爱护环境，节约资源，在大人的带领下参与各种各样的实践活动。	1. 了解班级和学校的规则，形成规则意识，遵守规则。 2. 遵守公共秩序，具备初步的社会公德。 3. 在教师的组织下，策划并参加多种实践活动。	1. 了解与少年儿童相关的法律法规，形成守法意识，让自律自护伴随自己成长。 2. 自觉遵守公共秩序，具备良好的社会公德，做知书达礼的人。 3. 自主策划并有序开展多种实践活动。
与他人平等地交流与合作，积极参与集体活动。	1. 友爱同伴，关心他人，乐于与同伴一起积极参加集体的各项活动。 2. 组建小队，在教师的引领下与队员合作开展小队活动。	1. 学会清楚地表达自己的感受和意见，体会他人的心情和需要，倾听他人的意见。 2. 以小队形式，策划活动方案并主动开展活动。	1. 学会与人平等交流。 2. 具有一定的策划组织能力，能根据活动要求组建临时小队开展有效的集体活动。
主动阅读中外经典书籍，积累经典篇章，具备一定的文学修养。	乐于诵读经典少儿国学读本和童书，享受阅读的乐趣。	主动阅读中外经典书籍并积累一定的少儿国学经典篇章，感受文学的魅力。	1. 主动积累大量经典篇章，形成独特的理解与体悟，并将其运用于生活中。 2. 初步形成审美能力和高雅的生活情趣。

第三节 德育课程内容

一、"龙娃诗意成长"课程内容体系

根据课程目标,我们确立了"龙娃诗意成长"课程的内容体系。它囊括学生的班级公共生活,校园文化生活,传统节日文化,家庭、社区、社会文化生活、自然等资源的开发,以及德育工作内部与学科教学的沟通与融合这五大领域内容。

在这五大领域的基础上,我们形成课程主题,每个主题下又设计系列活动,追求目标明确,资源聚化,内容丰富化和趣味化。以二年级下学期的"班级岗位我能行"主题为例,我们不仅增设班级岗位,把主人的地位还给学生,建立小干部轮换制,把管理的权力还给每个学生,还丰富班内评价,把评价的责任还给每个学生,并建设班级文化,把创造群体个性的任务还给每个学生。在这一主题下,开展"小岗位,我竞聘""小岗位,明职责""小岗位,大明星"系列活动,并在今后的几年中,不断轮换岗位、开发新的岗位,岗位难度也不断升级——从班级岗位到家庭岗位、社区岗位等。

二、"龙娃诗意成长"课程主题活动

根据学生的年段发展特点及不同的成长需要,我们设计的主题活动如下表所示。

年级	学期	课程主题	系列活动
一年级	上学期	红领巾呀我爱你	红领巾在召唤——少先队知识我知道
			红领巾,我爱你——我向英雄学习
			"我能行,我骄傲"自理争章活动
			"红领巾胸前飘"少先队入队仪式
		文明礼仪伴我行	文明用语我先行
			手儿相牵留文明
			文明出行,我能行
			文明游戏,心儿乐

(续表)

年级	学期	课程主题	系列活动
一年级	下学期	欢天喜地闹元宵	元宵节是怎么来的
			元宵古诗、儿歌知多少
			欢欢喜喜闹元宵
		我与春天手拉手	走进春天
			分享春天
			唱响春天
二年级	上学期	趣味游戏乐参与	安全课间,快乐游戏
			玩游戏,明规则
			"绳"采飞扬
		团团圆圆庆中秋	月儿圆圆话中秋
			中秋佳节有诗情
			我打算这样过中秋
	下学期	班级岗位我能行	小岗位,我竞聘
			小岗位,明职责
			小岗位,大明星
		课外阅读伴成长	绘本故事我会读
			共读书目我分享
			快乐书虫我来当
三年级	上学期	浓浓九月情	重阳活动我策划
			重阳知识我知道
			我与老人同行
		我来学当家	我有一个家庭小岗位——家庭岗位设置
			家庭岗位聪明做——家庭岗位展示
			家庭岗位小能手——家庭岗位评价
	下学期	幸福十岁礼	集体生日活动策划
			集体生日活动汇报
			"我在成长"活动策划
			"我十岁了"之成长有约
		缤纷运动乐	漫游运动王国
			运动小达人
			体育节,我来啦
			赛场显风采
			为我喝彩——体育节岗位评价

(续表)

年级	学期	课程主题	系列活动
四年级	上学期	午间自主乐	午间微课程阶段性评价——前期策划
			午间微课程阶段性评价——小队汇报
		春联大文化	小春联，大文化
			小春联，巧设计
			小春联，进社区
	下学期	大课间真精彩	大课间活动策划
			大课间活动调查汇报
			大课间活动真精彩
			大课间，动起来
		社团常州行	常州一日自助游
			研究方案大家谈
			我是常州宣传员
五年级	上学期	小龙娃安全行	安全知识大看台
			安全隐患我发现
			安全行，我策划
			我是安全小卫士
		志愿者进社区	行动方案策划
			小队自主行动
			缤纷冬日，精彩延续
			道德讲堂，志愿接力
	下学期	缅忠魂，明荣辱	我眼中的清明
			扫墓在行动
			缅怀革命先烈，弘扬革命精神
		小眼睛看世界	"游"名城，我们关注——童眼看中国
			"游"名城，我们创意——策划方案
			"游"名城，我们行动——展示成果
			"游"名城，我们完善——总结得失

(续表)

年级	学期	课程主题	系列活动
六年级	上学期	好少年善追"风"	时尚大搜罗
			时尚连连看
			时尚大家谈
			我们的追"风"秀
		始规划，明方向	走进"三百六十行"
			热议"三百六十行"
			体验"三百六十行"
	下学期	乐读《西游记》	读"西游"，谈感受
			话"西游"，品生活
			我的理想大家谈
		毕业礼，我们行	毕业典礼，我们憧憬
			毕业典礼，我们调查
			毕业典礼，我们聚焦
			毕业典礼，我们策划
			毕业典礼，我们参加

第四节 德育课程实施建议及评价

一、德育课程实施建议

我校德育课程包括晨会、班队活动、社会实践活动、学校传统活动及学生自主开发的午间项目活动。对德育课程的常规管理、开发等都由学生发展处负责。学生发展处的主要责任是落实课程计划和师资，检查平时课程的实施情况、学期初的计划、学期末的总结，等等。

另外，学校以教育科研为载体，为教师提供学习的机会，开展多种形式的培训活动，鼓励协作交流。校本课程实施以年级组为单位，每学期3次集中教研，2次分年级组教研，根据实际状况进行理论学习、主题活动研讨、专业著作沙龙、撰写课程开发故事等多种形式的研讨交流。

（一）从学生需要出发，提高课程的实效性

在各项活动中，学生是主体，课程虽有既定或生成的内容，但教师仍要及时了解学生的需求、想法，并做适当调整，同时根据各年级学生的年龄特点，在课堂、活动设计过程中遵循生活性、趣味性、探究性原则，使学生通过自主体验、交流、讨论、头脑风暴等形式落实目标。

（二）与学生生活相结合，突出课程的童趣性

教师要从实际出发，尊重学生个体，在了解其生活环境、生活内容、兴趣爱好等的基础上，使课程实施生活化、儿童化、趣味化、多样化，吸引学生，使学生在温馨的环境中活动、感悟、成长。

（三）与学科教学相整合，促进德育学科的发展

教师要根据各学科教材内容、教法特点的共性与个性，挖掘内涵，找准结合点，使课堂教学与校内外活动有机结合，使学生在掌握知识、技能的基础上，更有自信地参加活动，并在活动中运用知识和技能动脑思考、动手体验、收获感悟，使教育效果进一步提高。

（四）与其他阵地相关联，营造"生活即德育"的教育场

校内外的教育阵地林林总总，有些看似缺少充裕的时间（晨会等），有些又似乎无声无力（文化墙、板报等），但是，环境影响的力量、持之以恒的效果是不容忽视的。因此，教师应充分利用各类阵地，借助生动活泼的形式把学生在活动过程中的体验和收获充分展现出来，让不同个性、不同特长和不同思维方式的学生均得到充分的发展，以达到课内外、校内外的融合。

（五）开发资源，创设"三力驱动，三环交融"的新途径

大量的社会文化资源是学生生活世界之构成，也是使学生拓宽视野、形成国家与民族意识、保持对社会发展之敏感性的重要源泉。我校以班主任为关键人，建立助力学生成长的教育同盟——不仅发展内核，形成机制，还加强互动，促进沟通日常化；以家长为关键人，拓展助力学生成长的教育时空——家长进课堂，形态多元化，家长变身教师，给学生带来不

一样的课堂感受；以小干部为关键人，优化助力学生成长的教育生活——学生互助常态化，午间项目课程化。

此外，还有几点需要说明。

第一，"龙娃诗意成长"课程基于学生的成长需要、发展需要及当前状态，而这些因素并非一成不变，加之学生个体各不相同，所以课程内容设置上有着既定性与生成性相结合的特点。同时，内容中还留有一定的余地，供师生在实施过程中共同协商开发新的学习内容，教师还可以根据实践效果不断加以补充和调整。

第二，"龙娃诗意成长"课程涵盖面广，其目标与内容并非是一一对应的，而是各有侧重、相辅相成的。每个主题的活动设计，在形式及方法上都各有侧重，也给教师留有较大的创造空间。

第三，"龙娃诗意成长"课程只是我校德育课程的一部分，每学期留有8课时左右让教师根据班级实际情况及自身特长开发特色班本课程。

二、德育课程评价

（一）评价的依据

1. 激励性原则

注重对学生在学习、活动过程中获得的点滴进步、积累的经验进行肯定，通过评价强化学生积极的情感，激发学生的学习热情，因此在评价时应遵循激励性原则，让学生不断发现自己的成长，不断获得成功的体验。

2. 多元化原则

评价的内容是多元的，关注学生在整个活动中的态度（参与度、积极投入的程度、与人交往的自信度），关注他们活动后在原有水平上的收获与体验，如此调动其积极性，使其更加投入。

3. 实践性、综合性、长程性原则

评价不仅是看一次汇报活动中学生的表现，还需要教师坚持改革背景下的整体视野与教育自觉，需要教师形成生命成长的全程综合意识，聚焦学生的发展，实现成长教育的系列性、有机性和活动的育人价值。

（二）评价的形式

1. 争章活动

根据我校的育人目标，与班级评价制度相统一，用具有直观形象性的奖章——行规章、自信章、礼仪章、积极参与章、创新灵动章等进行即时评价，激发学生的兴趣。

2. 展示与交流

学生通过活动汇报进行相互学习，既锻炼自我表达能力又培养综合能力。在交流、汇报、互动的过程中，教师、家长与同伴具体形象的语言评价及及时、多元的表彰活动都是过程评价的体现。学生的活动作品以文字、绘画、视频等形式在班级黑板报、校报、校园网、市区网站、报纸等平台展示，增强了学生的成就体验，激发了学生的内驱力。

3. 成长记录册

将活动的过程、收获与感悟记录在学生成长记录册上，以体现学生的成长，促进学生的发展。

第二章 一年级活动课程实施方案

第一节　红领巾呀我爱你

主题目标

1. 在活动中了解少先队的基本知识，体验戴上红领巾的自豪感，做一名合格的少先队员。

2. 在游戏、讲故事等活动中，知道尊重红领巾、爱护红领巾，增强为少先队增光添彩的责任感。

3. 认识班级设置的岗位，了解各个岗位需要承担的责任和义务，知道遇到困难应该如何解决。

主题背景

1. 每一个都可以。《中国少年先锋队章程》中明确指出"队的性质""是中国少年儿童的群众组织，是少年儿童学习中国特色社会主义和共产主义的学校，是建设社会主义和共产主义的预备队"。还指出，"凡是6周岁到14周岁的少年儿童，愿意参加少先队，愿意遵守队章，向所在学校少先队组织提出申请，经批准，就成为队员"。本活动着眼于强化每一个孩子都是好孩子，都可以加入少先队组织的意识。

2. 每一段历史都值得传承。在少先队发展的历程中，有很多具有鲜明个性的少年英雄与他们的故事一起流传至今。离开了战争年代，他们的故事中蕴藏的内涵在当代少年儿童发展的背景下又产生了新的历史意义，可以将这些内涵挖掘出来带领学生共同体会。

学情分析

学生从踏入小学的第一天起，看到高年级的学生戴着红领巾，在升旗仪式上敬队礼，就产生了强烈的向往，希望自己也能成为光荣的少先队员。尽管这种向往仅仅出于一种形式上的从众心理，他们对红领巾有什么含义、为什么要戴上红领巾等一无所知，但这种发自内心的迫切愿望是培养学生组织意识的最好契机。在学生适应小学生活后，教师应给他们讲述入队故事，进行入队仪式的练习，不断强化他们这种积极主动的愿望。

> **活动安排**

活动一：红领巾在召唤——少先队知识我知道
活动二：红领巾，我爱你——我向英雄学习
活动三："我能行，我骄傲"自理争章活动
活动四："红领巾胸前飘"少先队入队仪式

活动一：红领巾在召唤——少先队知识我知道

一、活动目标

1. 初步了解少先队的光荣史，认识红领巾、队旗，会唱国歌。
2. 因为自己、为他人和为集体做一件有意义的事而自豪。
3. 产生爱红领巾、爱少先队的感情，初步有民族自豪感和为国家争光的责任感。

二、活动准备

教师制作课件，准备歌剧《江姐》的视频片段"绣红旗"、《入队十知道》动漫视频、《中国少年先锋队队歌》手语操视频。

三、活动过程

（一）谈话导入

师：小朋友，两个月前我们带着几分新鲜、几分好奇，走进了龙虎塘实验小学，走进了一年级（1）班的教室。经过努力，小朋友们即将加入少先队，成为光荣的少先队员。

【设计意图】从谈话入手，激起学生加入少先队的欲望，使学生体会和了解少先队员的光荣感，学习少先队的相关知识，为即将到来的少先队入队仪式做好准备。

（二）核心过程推进

1. 走进队史，学誓词，学呼号。

过渡：成为少先队员之后，会戴上少先队的标志——（生：红领巾）它代表红旗的一角。每当看到飘扬的国旗，就会想到一个难忘的历史镜头——革命英雄江姐与战友们在牢狱中绣红旗的场面。

播放歌剧《江姐》的视频片段"绣红旗"。

讨论交流：看着这样的场景，你最想跟小朋友分享的感受是什么？

学生学习少先队的誓词和呼号。

少先队誓词	"我是中国少年先锋队队员。我在队旗下宣誓：我热爱中国共产党，热爱祖国，热爱人民，好好学习，好好锻炼，准备着：为共产主义事业贡献力量！"
少先队呼号	"准备着：为共产主义事业而奋斗！"回答："时刻准备着！"

师：今天，五星红旗化作千万条红领巾，让每个少先队员佩戴在胸前。我们每个少先队员都要让革命精神代代相传。

【设计意图】通过红领巾的来历和革命英雄的故事，使学生体会到革命英雄对祖国的忠诚和热爱，感受今天的生活来之不易。

2. 知识竞答，了解队名、队旗等标志。

（1）播放动漫《入队十知道》视频，学生观看视频，认一认各种标志。

（2）知识竞答。规则：举手最快者获得答题机会，每答对一题，为小队加10分。

题目：①少先队的全名是什么？（中国少年先锋队）②队旗的图案是什么？（火炬加五角星）③队的标志是什么？（红领巾）

（3）学一学：敬队礼。

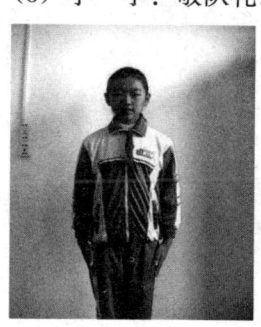 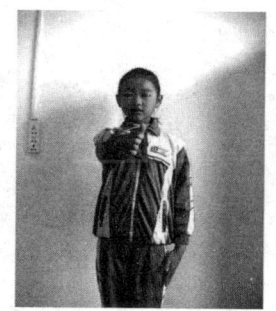 

小队比赛敬队礼：以姿势的标准程度和小队的整齐度、配合度作为考量的主要尺度。

3. 做一名光荣的少先队员。

提问：你觉得作为一名少先队员，在平时生活中应该怎样做？

教师引导学生从为自己、为他人、为集体三方面来回答。

【设计意图】联系生活实际，让学生知道要成为一名光荣的少先队员，不仅应掌握一定的少先队知识，还要懂得爱护、珍惜红领巾，有责任、有义务为身边的人做好事。

4. 学习队歌。

（1）唱一唱。

播放《中国少年先锋队队歌》，学生跟着音乐一起唱。

班级小指挥上台指挥，全体学生合唱队歌。

（2）手语操练习。

播放《中国少年先锋队队歌》手语操视频，学生学习队歌手语操。

全班齐做手语操，挑选做得好的学生起立领操，给其所在的小队加10分。

【设计意图】通过手语操的练习，使学生更加兴趣盎然地学唱队歌。在学唱队歌的过程中，增强学生作为一名少先队员的自豪感和使命感。

5. 巩固总结。

复习少先队的誓词与呼号，给配合得好的小队加上相应的分数。

分数合计，给获胜的小队颁发相应的奖励。

教师总结：争做光荣的少先队员的目标就在眼前，用我们的点点滴滴来成就自己！最后让我们向国旗敬礼！

活动二：红领巾，我爱你——我向英雄学习

一、活动目标

1. 感受加入少先队的归属感和幸福感。

2. 树立主动健康发展的目标。

3. 学会对自我和他人做出正确评价，具有团结向上、互相欣赏的情感。

二、活动准备

教师制作课件，准备学生进入小学后校园生活的视频。

三、活动过程

（一）开放式导入

播放学生进入小学后校园生活的视频。

师：小朋友们成为小学生已经有一段时间了，现在，你喜欢上学吗？为什么？

学生畅谈在学校获得的喜、怒、哀、乐体验。

【设计意图】引导学生畅谈小学生活体验，认识到自己在长大，增添自豪感。

（二）核心过程推进

教师讲述董存瑞舍身炸碉堡的英雄故事。

师：你从英雄的故事中听懂了什么？

小队讨论：现在的我们虽然不需要像英雄们那样献出自己的生命，但是我们可以怎样行动呢？

填写表格。

我们可以做到	1.
	2.
	3.
	4.
	……

小队汇报。

教师总结：我们用自己的眼睛发现身边的小英雄，用自己的双手为自己、为伙伴、为家人、为老师做着力所能及的事情，老师为你们的进步和成长感到自豪。

【设计意图】通过故事凸显英雄的形象，发掘其精神内涵中的现实意义，引导学生在比照中自我反思、自我发现，从自己的成长和他人的进步中汲取力量。

（三）开放式延伸

师：小朋友，告诉大家一个好消息，你们一直为加入少先队而努力着，下个月小朋友们就可以入队了，可以戴上鲜艳的红领巾，成为一名光荣的少先队员了！

小队讨论：我们准备怎样做一名合格的少先队员呢？

填写表格。

我们要努力做到	1.
	2.
	3.
	4.
	……

小队汇报。

教师总结：说到就要做到，相信我们每个小朋友都能用自己的实际行动去践行，做一名优秀的少先队员。

【设计意图】使学生感受少先队员的自豪，进一步强化学生向往加入少先队组织的情感。

活动三："我能行，我骄傲"自理争章活动

一、活动目标

1. 提升整理的本领，学会自己的事情自己做，养成良好的生活习惯。
2. 提升自理意识、自理能力，体验生活的快乐。

二、活动准备

1. 教师制作课件，准备歌曲《我有一双勤劳的手》音频、颁奖音乐、"大拇指"标志若干个、奖状若干张、毛巾若干条。
2. 学生准备书包、图书、铅笔、小刀。

三、活动过程

（一）谈话导入，小队亮相

播放歌曲《我有一双勤劳的手》音频，学生跟着一起唱。

师：我有一双勤劳的手，样样事情都会做。小朋友，经过几个月的努力，你们的自理能力有了很大进步。老师看在眼里，喜在心里。今天我们要进行自理争章活动。

各小队简单亮相，展示队名和口号。

【设计意图】学生在欢快、优美的歌声中进入活动情境，产生动手比赛的强烈愿望。小队亮相增强了集体意识和自信心。

（二）各项比赛，大显身手

活动1：整理图书比赛

1. 小队议一议：谁整理得又快又好，推选一名代表参加比赛。
2. 各小队代表上台比赛。

其他学生做评委，在表格中给优胜小队的大拇指涂色。

A 小队	B 小队	C 小队	D 小队

班长给优胜小队颁发"大拇指"标志。

活动2：削铅笔比赛

1. 小队议一议：谁削得又快又好，推选一名代表参加比赛。
2. 各小队代表上台比赛。

其他学生做评委，在表格中给优胜小队的大拇指涂色。

A小队	B小队	C小队	D小队
👍	👍	👍	👍

副班长给优胜小队颁发"大拇指"标志。

活动3：叠毛巾比赛

1. 出示规则：叠完一块毛巾，整齐放平后举手示意。
2. 各小队代表上台比赛。

其他学生做评委，在表格中给优胜小队的大拇指涂色。

A小队	B小队	C小队	D小队
👍	👍	👍	👍

中队长给优胜小队颁发"大拇指"标志。

活动4：整理书包比赛

1. 出示图片。

 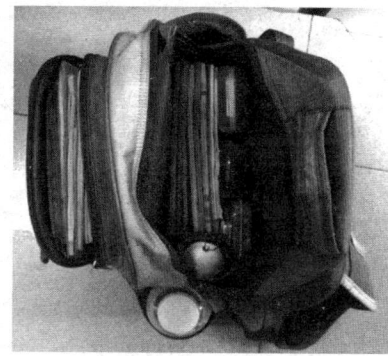

（1）对比一下两个书包，议一议：你发现了什么？

(2) 探讨整理书包的方法。

我来写一写整理书包的方法	1. 按书本大小有序摆放。 2. 按学科归类有序摆放。 3. 按种类有序摆放。 4. ……

2. 各小队代表上台比赛。

其他学生做评委，在表格中给优胜小队的大拇指涂色。

A小队	B小队	C小队	D小队

班长给优胜小队颁发"大拇指"标志。

【设计意图】通过一系列比赛，激发学生的竞争意识，使学生在活动中相互学习，提高自理能力。

(三) 颁发奖状，畅谈秘诀

1. 配上颁奖音乐，隆重颁发奖状，并拍照留念。

采访获奖学生，分享获胜的秘诀。

教师总结：小朋友整理图书、削铅笔、叠毛巾、整理书包的表现真是太棒了。今后，我们还要继续努力，自己的事情自己做，用这双勤劳的手帮家人做更多的事！让我们再次把热烈的掌声送给自己。

2. 诵读儿歌。

师：别看我们年纪小，样样事情都会做。让我们在《我能行》儿歌中结束这次愉快的活动吧！

我能行

相信自己行，才会"我能行"。

别人说我行，努力才会行。

你在这点行，我在那点行。

今天若不行，明天争取行。

【设计意图】隆重颁发奖状，让获奖的学生更有信心，同时激发其他学生的好胜心。通过获胜秘诀的分享把话语权还给学生，很好地体现了生生交流，让班级活动成为学生成长的平台。

活动四："红领巾胸前飘"少先队入队仪式

一、活动目标

1. 感受入队这神圣的一刻，产生健康向上的进取精神。
2. 懂得自己长大了，要在实践行动中担起自己的责任。

二、活动准备

1. 各中队确定加入少先队的队员名单。
2. 利用晨会课进行队前教育，让学生知道红领巾、队旗、队徽、队礼、呼号及其意义。
3. 安排新队员代表讲话、家长代表讲话。
4. 准备好仪式所需的队旗、红领巾。
5. 家长准备成长祝福礼。

三、活动过程

（一）主持人导语，揭幕

主持人：可爱的孩子们，亲爱的家长们，敬爱的教师们，大家好！又是金秋十月，我们迎来了少先队建队68周年的日子。火红的队旗高高飘扬，指引我们前进的方向。鲜艳的红领巾系满理想，载着我们扬帆远航。敬爱的少先队，给予了我们快乐，使我们树立起集体观念。鲜艳的红领巾，使我们从小不怕风和雨，从小爱学习。今天，我们终于迎来激动人心的一刻。我宣布"红领巾胸前飘"少先队入队仪式正式开始。

（二）旗手出旗，少先队员行队礼

旗手出旗，少先队员行队礼，一年级新生全体立正，行注目礼。

礼毕，全体齐唱《中国少年先锋队队歌》。

（三）辅导员宣读新队员名单

主持人：孩子们，让我们用热烈的掌声请大队辅导员徐老师宣读新队员名单……

辅导员宣读新队员名单。

（四）老队员为新队员授红领巾

老队员作为授予者，双手托红领巾，然后帮新队员戴上红领巾，接着互相敬礼，新队员先敬礼，老队员还礼。

（五）队歌表演

教师带领全体新队员进行《中国少年先锋队队歌》手语操会演。

（六）授中队旗

在《红领巾心向党》的背景音乐中，一年级各班的中队长上台接受中队旗。

（七）大队长带领新队员宣誓

全体新队员右手半握拳至耳侧，跟着大队长一起宣誓。

（八）发表感言

新队员代表、家长代表分别发表感言。

（九）家长赠送成长祝福礼

在《让快乐飞翔》的背景音乐中，家长向自己的孩子送上事先准备好的成长礼物。

【设计意图】在入队仪式中，既让学生和家长一起分享了快乐，又增强了学生的自信心，还让学生学会了感恩。这成为成长过程中神圣又难忘的一刻。

第二节　文明礼仪伴我行

主题目标

1. 从一点一滴做起，学会礼貌用语，努力提高自己的文明修养。
2. 正确认识文明行为，做到举止、行动文明。
3. 学会遵守游戏规则，在愉快、安全的游戏活动中习得文明礼仪。

主题背景

一年级的学生天真活泼，对生活充满好奇，明辨是非的能力较弱，有时不知道什么是对的，什么是错的。他们具有很强的向师性，这就需要教师的指引和教育，使他们懂得从自身做起，从细节做起，提高文明素质；使他们知道，作为一名小学生，应该有自我保护意识，做一个遵守交通规则的人。

学情分析

一年级学生年龄小，活泼好动，自我保护意识和能力比较弱，具体表现在以下三方面。

1. 玩中无人。课间大都在教室和走廊上玩打仗、追人游戏，经常与迎面、背后走来的人撞个满怀，被教师批评也不能减少他们的玩兴。
2. 以我为大。常常在自己喜欢玩的器械前拥挤争抢，不肯礼让，因而小事故不断，小矛盾层出不穷。
3. 不懂自我保护。"6＋1"的家庭结构使学生常处于过度被保护状态，一旦发生事故，他们不会自己想办法，而是惊慌失措地报告教师，缺乏基本的自护和自救意识。

活动安排

活动一：文明用语我先行
活动二：手儿相牵留文明
活动三：文明出行，我能行
活动四：文明游戏，心儿乐

活动一：文明用语我先行

一、活动目标

1. 清楚礼貌用语的意义，体会文明的重要性。
2. 会正确运用礼貌用语，从自我做起，从一点一滴做起，努力提高文明修养。
3. 努力做一个讲文明、懂礼貌的好孩子。

二、活动准备

1. 教师制作课件，准备歌曲《咱们从小讲礼貌》伴奏音频。
2. 学生为小品表演做准备。

三、活动过程

（一）谈话，揭示主题

师：朝霞托着红日，徐徐从东方升起。春风吹，阳光照，语言美，行为美，尊师长，爱同学。让我们从小讲文明，讲礼貌。"文明用语我先行"主题班会现在开始。

【设计意图】用优美的语言激发学生的学习兴趣，引出班会主题，同时为班会奠定文明向上的基调。

（二）小品欣赏，明白文明用语的重要性

小队长：亲爱的小朋友，当我们第一天背上书包，高高兴兴地来到学校的时候，老师就教育我们要做个爱学习、讲卫生、守纪律的好学生，更要做个讲文明、懂礼貌的好孩子。语言美是文明的重要表现。有这样一些小朋友，大家看看他们是怎样使用礼貌用语的，这样用对不对？

小品1：中午，王华在教室里做作业，李亮从他身边走过，不小心把他的文具盒碰落在地上，钢笔摔坏了。李亮连忙向王华道歉，并声称过后买支钢笔赔给他。王华听到这话，即将爆发的怒气一下子消失得无影无踪，并说："没关系，修理一下就好了。"于是教室里恢复了往常的平静。

（1）读一读，同桌练一练，想一想：他们做得对不对？应该怎样使用文明用语？

（2）指名同桌表演。

小品2：中午，王华在教室里做作业，李亮从他身边走过，不小心把他的文具盒碰落在地上，钢笔摔坏了。李亮不但不向王华道歉，反而说：

"是你没有把文具盒放好,我好好地走我的路……"王华强忍着的怒火被点燃了,他冲上去就一拳,两人打起架来,引来了围观者。这时上课铃响了……

(1) 读一读,同桌练一练,想一想:他们做得对不对?应该怎样使用文明用语?

(2) 指名同桌表演。

教师总结:刚才小朋友说得真好。我们中华民族素有"礼仪之邦"的美称,我们从小要学礼仪,用礼仪,要重言,更重行,让文明之花处处开放。

【设计意图】通过创设情境,使学生学会使用文明礼貌用语,知道文明礼貌用语在人际交往中的重要性。

(三) 现场采访,学会运用文明礼貌用语

小记者:我是《常州日报》的小记者,听说你们在这里开展文明礼仪活动,我特地来采访一下。

以下是小记者的提问。

场景一:当你想向小朋友借笔时,你该怎么说?怎样做?

场景二:老师来到你家,你会怎么招呼老师呢?

场景三:来到书店,你想买本书,应该怎样跟营业员阿姨说呢?

场景四:如果和爸爸妈妈游玩时,你走失了,你该怎样向民警叔叔求得帮助呢?

场景五:如果你没有记清家庭作业,你怎样向老师打电话询问?

小队长:通过小记者的采访,你都知道了哪些文明用语?

学生交流,同桌合作表演以上场景,并选一两组学生表演,其他学生评价。

小队长:讲文明、懂礼貌是一个人应具备的基本文明素质。作为小学生,我们理应从小养成举止文明、谈吐优雅、品德高尚、讲究公德、遵守秩序的良好品质。

【设计意图】再次增强学生对礼貌待人的认同感,并使之在情感上产生共鸣,以此规范自己今后的行为。

(四) 游戏竞赛,熟练运用文明礼貌用语

1. 教师说完,学生抢答,答对的得分,答错的扣分。

(1) 早上见到教师,说——

(2) 见到小朋友，说——

(3) 有困难需要别人帮助，说——

(4) 早上上学和父母分别时，说——

(5) 家里来了客人，招呼客人坐下，说——；倒了热茶，将茶递给客人，说——

(6) 不小心碰到了别人，说——

(7) 门外有人敲门，说——

2. 联系实际说一说：表扬平时班级中文明礼貌用语用得好的小朋友；哪些小朋友做得不到位，请你给他们提意见。

【设计意图】用游戏竞赛的方式进一步激发学生对文明礼貌用语的掌握和运用。让学生联系实际评价其他同学，可以培养学生的语言表达能力和明辨是非能力。

(五) 欣赏诗歌，升华情感

1. 诗歌朗诵。

文明礼仪伴我行

杨柳青，花儿俏。小朋友，蹦又跳。

讲文明，懂礼貌。见老师，问声好。

见同学，问声早。爱环境，出新招。

有垃圾，专人扫。见废纸，弯弯腰。

护环境，人有责。校园美，齐欢笑。

2. 齐唱《咱们从小讲礼貌》。

【设计意图】旨在巩固文明礼貌知识，让学生在诗歌和音乐中陶冶情操，体会文明礼貌的无穷魅力。

(六) 拓展延伸

师：文明用语不离口，文明行为处处留。但在我们的身边，不文明的现象依然存在着。接下来，我们"龙娃别动队"以小队为单位，找找身边的不文明行为，帮助小伙伴们改掉坏毛病。

【设计意图】让学生明确文明礼貌是"润物细无声"的春雨，文明礼貌就在我们的身边，懂得只有人人讲礼貌，我们的世界才会更加和谐、美好。

活动二：手儿相牵留文明

一、活动目标

1. 能够发现安全隐患，认识到课间安全的重要性。

2. 树立正确的价值观，增强自我保护的意识和能力，努力营造安全、文明、快乐的课间十分钟。

二、活动准备

1. 教师制作课件，准备关于课间隐患的图片。

2. 学生分小队收集一些文明和不文明的课间游戏。

三、活动过程

（一）谈话导入

师：小朋友们，下课铃声一响，我们就可以走出教室去活动了，享受属于我们的课间十分钟。但这之中存在着一些安全隐患。

出示关于课间隐患的图片。

（二）汇报交流

1. 师：小朋友，你们在课间十分钟时都干什么呢？

小队议一议、填一填课间可以玩哪些文明游戏。

文明游戏（游戏名）
1.
2.
3.
4.
5.
6.

小队议一议、填一填课间有哪些不文明游戏，然后以小队为单位汇报，说说这些不文明游戏有什么坏处。

不文明游戏（游戏名）
1.
2.
3.
4.
5.
6.

2. 师：我们班小朋友的课间活动还是非常丰富的，对于刚才提到的不文明游戏，应该怎样改正呢？接下来我们一起来讨论一下课间不文明游戏的改进方法。

小队议一议，填一填。

不文明游戏的改进方法
1.
2.
3.
4.
5.
6.

小队汇报交流、支招。

（三）出谋划策

1. 师：小朋友们再想想什么样的活动才是有益身心的呢？
师生讨论。

2. 模拟课间活动，学生推荐或分享自己喜爱的课间游戏。

（1）以小队为单位练一练。

（2）小队汇报。

（四）总结延伸

师：在选择游戏的过程中，我们应该有所考虑。首先要考虑到我们的休息环境，其次要考虑安全，在我们得到欢乐的同时也给别人带去欢乐和方便。我们还要遵守游戏规则，做一个有信用的小"龙娃"。希望小朋友们发挥想象力，在课后再创造一些新的游戏，让我们的课间活动更丰富。

（五）齐读儿歌

师：最后，让我们在《拍手歌》中结束本次的活动！

拍手歌

你拍一，我拍一，讲文明来懂礼仪。
你拍二，我拍二，小朋友团结又友爱。
你拍三，我拍三，礼貌用语记心间。
你拍四，我拍四，清洁卫生做值日。
你拍五，我拍五，关心集体孝父母。
你拍六，我拍六，爱护公物保环境。
你拍七，我拍七，互帮互助争第一。
你拍八，我拍八，校园开遍文明花。
你拍九，我拍九，齐心协力争创优。
你拍十，我拍十，我们敬爱好老师。

活动三：文明出行，我能行

一、活动目标

1. 认识交通标志，在学习安全知识的同时，懂得要遵守规则，珍爱生命。

2. 能从自己做起，从一点一滴做起，自觉文明出行，努力提高自己的文明修养。

二、活动准备

1. 教师制作课件，准备关于交通安全的视频片段。

2. 在教师的指导下，学生排练小品《过马路》；在家长的带领下，寻找生活中的交通安全问题。

三、活动过程

（一）视频导入，引出课题

播放关于交通安全的视频片段。

师：小朋友，刚才你们看到了什么？你们想说什么？

（预设：路口没有红绿灯；车辆和行人没有自觉遵守交通规则……）

总结：生活中危险随时都可能发生，这直接关系到我们的生命安全。

如何才能安安全全地上学来，平平安安地回家去，真正确保我们小朋友的生命安全？上两周，我们在家长的带领下，一起去"找茬"，一起去学习。你们都了解了什么？哪个小队先交流呢？

小队交流。

【设计意图】从生活入手，让学生畅所欲言，形成积极向上的氛围，引起学生的关注，调动学生的积极性。

（二）核心过程推进

1. 交通标志篇。

认一认，汇报以下各种交通标志的意思。

总结：在活动中，我们学到了很多交通安全方面的知识，但仅仅了解知识就可以了吗？更重要的是要在出行中真正做到自觉遵守交通规则。

游戏巩固：看着各种标志走一走。

2. 情境再现篇。

小队长：我们来讲讲5月7日了解交通出行时看到的事吧，至今还让我们后怕。在老师的帮助下，我们编了一个小品，请大家认真看看，一起来"找茬"。

学生表演小品《过马路》。

A：快，快跑过去。（很高兴）

B：不行，现在是红灯，危险。（紧张地劝阻）

A：你呀，就是榆木脑袋。瞧瞧，这么多人都抢着过呢！就你笨。

B：真的危险，我们还是等等吧！

A：等等，等等，你等吧，车来了。（急着跑过去）

B：当心。

A：没关系，你放心吧！

B：那……好吧。（无可奈何地摇摇头）

（嘀嘀，嘀嘀……汽车鸣笛。）

B：当心车子……

（A吓得不知所措，汽车急刹车。）

B：啊，危险。（赶紧用双手捂住眼睛）

A：啊，我的头！（一声惨叫，晕倒在地）

表演者 A、B 归队，C、D 上台继续表演。

C：有个小孩胆子大，做什么事情都不怕。

D：但是由于太莽撞，人人叫他马大哈。

C：这天大哈过马路，只顾埋头向前冲。

D：就在这时车来到，但他已到路中央。

C：听到"嘀嘀"几声响，一辆汽车到身旁。

D：此时来不及避让，大哈被撞到绿岛旁。

C：吓得周围喊"救命"，一起赶来急探望。

D：见他头部有"肿瘤"，立刻送他去医院病房。

C：幸亏不是致命伤，但还是在医院躺了好几天。

D：大哈这时才低头，觉得自己太莽撞。

合：他决心——以后一定要注意，过马路时左右望。要走人行横道线，红灯绿灯看端详。小朋友们要记住，大哈教训不能忘，不能忘！

学生互动：你知道他们谁做错了吗？错在哪里？

教师介入：如果你在旁边，你会怎样做呢？（劝说）还有哪些小朋友也会加入劝说的行列呢？（学生举手）

小队讨论：你会怎样做呢？

教师总结：说得多好啊！希望大家一起在我们身边"找茬"，并劝说身边的人都遵守交通规则，文明出行。

3. 学校篇。

师：安全问题始终是我们需要特别关注的问题之一，围绕交通安全我们学校每学期都要开展多种形式的安全教育活动。可是在生活中很多小朋友不注意这些细节，听听××小队有什么发现吧。

小队汇报：放学时间，在学校门口家长止步线之内，一名学生没有注意到过往的车辆便直接跑向自己的母亲，差点被车撞到。

学生互动：想象一下可能发生什么样的后果？

继续汇报。

小队长：我们还看到了很多不文明的出行行为，一起来听一听。

（1）家长的车子停放得横七竖八，没有秩序。

（2）有些电瓶车、三轮车都停到了校门口，不小心就会撞到我们。我

们有些小朋友边走路边讲话，有几次差点撞到车子上。

（3）早上，很多家长都把汽车、电瓶车直接停到校门口，给我们带来了危险。

（4）很多家长骑车时闯红灯，真吓人。

（5）有些高年级的学生过马路时不走人行横道。

教师介入：我们还很小，都是由家长接送的。我们在过马路的时候应该注意什么？

小队长总结：希望我们小朋友都来督促自己的父母，在校门口按序停车，不要闯红灯。

4. 辨析行为篇。

（1）出示图片。

① 设想一下，翻越护栏会产生什么样的后果？

② 过有护栏或绿化带的马路的时候应该注意什么？

（2）出示图片。

① 他们谁做得对，谁做得不对，为什么？

② 你们还知道哪些与小学生有关的交通规则？

(3) 学习《学生交通安全之不为》。

不闯红灯，不越线停车；

未满12周岁不骑自行车，未满16周岁不骑电动自行车；

不骑车带人，不在机动车道内骑车；

未戴头盔不坐摩托车；

骑车不突然拐弯、双手离把；

不互相追逐、曲线竞驶；

不在车行道内坐卧、停留、嬉闹；

不在道路上使用滑板、旱冰鞋等滑行工具；

不追车、抛物击车，不跨越、倚坐隔离设施；

不在机动车道上拦乘机动车。

(4) 小队演绎《拍手歌》。

拍手歌

你拍一，我拍一，上车下车别乱挤。

你拍二，我拍二，排队有序要牢记。

你拍三，我拍三，行人要走人行道。

你拍四，我拍四，交通标志记心里。

你拍五，我拍五，起步停止看信号。

你拍六，我拍六，红灯停止绿灯行。

你拍七，我拍七，看清两边再通行。

你拍八，我拍八，遵守规则靠大家。

你拍九，我拍九，文明出行要牢记。

你拍十，我拍十，创建文明大中国。

【设计意图】在认一认、做一做等实践活动中，深化学生对交通安全知识的认识。

(三) 拓展延伸

师：让我们一起牢记儿歌，自我保护，注意交通安全，做到文明、安全、礼让出行。文明常州，要靠文明的常州人。愿你们，更期望你们拉起爸爸妈妈的大手一起自觉维护交通安全，遵守交通规则，珍爱生命，做交通安全小卫士，用自己的行动为我们的城市增光添彩。

想一想：怎样拉起爸爸妈妈的手一起做到文明出行？

【设计意图】在做做想想中，进一步提高学生的交通安全意识。

活动四：文明游戏，心儿乐

一、活动目标

1. 感知规则的重要性，学会遵守游戏规则。
2. 学会文明游戏，体验文明游戏带来的快乐。

二、活动准备

1. 教师制作课件，准备歌曲《课间好时光》音频。
2. 学生组成小记者采访团，收集课间不文明现象的图片；组成游戏推荐团，收集关于文明游戏的资料。

三、活动过程

（一）调查现象，反馈导入

师：小朋友，你们一定很喜欢课间吧？课间是我们自由活动的时间，是我们休息身心的时间。课间你们都会做些什么？咱们班的小记者采访团利用上几周的课余时间，特意做了一些专访。下面我们请出小记者采访团的小朋友。

1. 小记者采访团汇报。

图片1：几个男生在追逐打闹，你推我打，一名小朋友摔倒在地。

图片2：一位小朋友拿绳子当武器打人。

图片3：一位小朋友从楼梯扶手上滑下去。

2. 师：小朋友，看完这组图片，你有什么感想吗？（我觉得这种行为太危险、太不文明了）

总结：课间是小朋友自由休息的时间，却又是学校里安全隐患最大的时段。

【设计意图】观看课间活动影像，引导学生观察身边小事，引发学生共鸣。

（二）多彩课间游戏

师：今天咱们请我们班的游戏推荐团给我们支支招。哪一队愿意先来？

1. 花样皮筋队展示。

游戏规则：跳皮筋是一种传统游戏，一般是三人以上的活动，其中两人撑皮筋，其余的人轮流跳，按规定动作，完成者为胜，中途跳错或没钩好皮筋，就换另一人跳。皮筋的高度从脚踝处开始，到膝盖，到腰，到胸，到肩头，难度越来越大。跳者只能用脚而不许用手钩皮筋。跳皮筋时还有一些有趣的歌谣，可以边唱边跳。

队员演示跳皮筋最基本的玩法。

练一练：各小队选派代表体验跳皮筋。

2. 编花篮队展示。

游戏规则：每人抬起一条腿相互搭好，组成"花篮"，用另外一条腿一起边蹦跳边转动边唱歌谣。转动的时候，可以正转，也可以反转。谁摔倒了，或是脚掉下来了，就出局。其余人继续编"花篮"，直到留下最后两人为止。这两人用"石头剪刀布"决出最后胜利者，成为"花王"。

队员演示玩法。

提示：要注意节奏性和一致性，否则会因为身体失去平衡而摔倒，也会造成危险。

【设计意图】通过各小队对游戏的介绍，使学生掌握游戏规则，感受课间生活的快乐，融入班集体。

（三）活动总结

师：经过这么长时间的努力，这几个小队给大家带来了欢乐的课间时光，那么你学会其他队的课间游戏了吗？下课时我们来试一试吧！课间可以玩的游戏还有很多，小朋友可以对照相关规则来创编游戏，也可以将一些不太合适的游戏稍加改造。我们下节课再做交流。

学生跟唱歌曲《课间好时光》。

【设计意图】用安全、文明、健康的课间小游戏带给学生最纯粹的欢乐和无形的教育，让学生玩有所得、玩有所乐，在活动中愉悦身心，快乐、健康地成长。

第三节　欢天喜地闹元宵

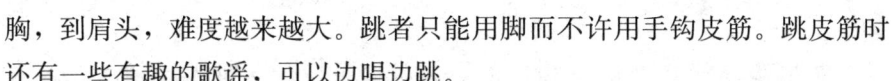

1. 了解中国传统节日——元宵节的由来、风俗，亲身感受中华民族文化的魅力所在。

2. 在元宵节活动中增强探究意识，发现元宵节活动中的新鲜事、有

趣事。

3. 收集与元宵节活动相关的资料，提升通过各种渠道获取信息的能力。

主题背景

元宵节是我国重要的传统节日之一，又称"上元节""灯节"。民间正月十五闹元宵已有悠久的历史，它伴随人们迎来春天，是把节日习俗体现得最为彻底和典型的传统节日。我们一年级组以"欢天喜地闹元宵"为主题，突出"喜庆祥和过元宵，传统文化再继承"，遵循简洁可行、就近就便、力所能及的原则，深入挖掘元宵节的文化内涵，以活动为载体，吸引全体学生广泛参与，培养和树立学生认知传统、尊重传统、继承传统、弘扬传统的思想观念，增强学生对中华民族优秀文化的认同感和自豪感，着力营造欢乐、祥和、平安、健康、文明的节日氛围。

学情分析

中国的传统节日沉淀了千百年的文化，而一年级的学生年龄小、阅历浅，对传统节日的历史渊源知之甚少，家长也很少在这方面进行早期教育。学生对传统节日的认知呈现以下特点。

1. 喜欢过节，特别是春节，因为可以穿新衣、戴新帽、放鞭炮，还可以拿到压岁钱。

2. 认知缺失，学生对传统节日的认知仅仅停留在外显的表象上，如元宵节吃元宵、中秋节吃月饼等，对传统节日的历史渊源、美妙传说、文化习俗等都说不清楚，更难以领悟其中的博大精深。

活动安排

活动一：元宵节是怎么来的
活动二：元宵古诗、儿歌知多少
活动三：欢欢喜喜闹元宵

活动一：元宵节是怎么来的

一、活动目标

1. 初步了解元宵节的历史，感知中国传统文化的悠久历史。
2. 感受合作的乐趣，并意识到传承中国传统文化的责任。

二、教学准备

教师制作课件，准备关于元宵节的图片、视频及灯笼的图画。

三、教学过程

（一）谈话导入

谈话：小朋友们，每年农历的正月十五，迎来的就是元宵节。

出示有关元宵节的图片。

介绍：正月是农历的元月，古人称夜为"宵"，所以称正月十五为元宵节。正月十五的晚上是一年中的第一个月圆之夜，也是一元复始、大地回春的夜晚，人们对此加以庆祝，也是庆贺新春的延续。

【设计意图】通过观看有关元宵节的图片，感受元宵节的气氛，并在看看、听听中懂得元宵节的意义。

（二）核心过程推进

1. 师：下面就来看看元宵节是怎么来的。

播放关于元宵节由来的视频。

师：听了这个故事，请你说说元宵节是怎么来的。

学生复述。

师：元宵节的历史悠久，人们从古至今一代代地传承下来，用同样的方式来庆祝这个节日，到了现在，我们仍然不能忘记，要一直传承下去。

2. 师：听了元宵节由来的故事，你知道了哪些元宵节习俗？

议一议，填一填。

1. 猜灯谜
2.
3.
4.
5.
6.
7.

全班交流。

3. 师：按中国的民间传统，在这皓月高悬的夜晚，人们要点起彩灯，以示庆贺。出门赏月，燃灯放焰，喜猜灯谜，共吃元宵，合家团聚，同庆佳节，其乐融融。以下是一个关于元宵节挂灯笼、放烟火的传说，请你读一读。

传说在很久以前，凶禽猛兽很多，四处伤害人和牲畜，人们就组织起来去打它们。有一只神鸟因为迷路而降落人间，却意外地被不知情的猎人射死了。天帝知道后十分震怒，立即传旨，下令让天兵于正月十五到人间放火，把人畜财产通通烧死。天帝的女儿心地善良，不忍心看百姓无辜受难，就冒着生命危险，偷偷驾着祥云来到人间，把这个消息告诉了人们。众人听到这个消息，有如头上响了一个焦雷，吓得不知如何是好。过了好久，才有个老人想出个法子，他说："在正月十五这天，每户人家都在家里张灯结彩、燃放烟火，这样一来，天帝就会以为人们都被烧死了。"大家听了都点头称是，便分头准备去了。到了正月十五这天晚上，天帝往下一看，发觉人间一片红光，响声震天，以为是燃烧的火焰，便不再追究了。人们就这样保住了自己的生命及财产。从此每到正月十五，家家户户都悬挂灯笼、燃放烟火来纪念。

【设计意图】在视频、故事的吸引下，学生认真了解了元宵节的由来，并通过教师的讲解加深了理解，同时在全班交流中了解了元宵节的一些习俗。

（三）开放式延伸

1. 欢乐元宵——蒙眼画灯笼。

规则：给每个小队发一幅灯笼的图画，各小队成员蒙上眼睛在规定时间内凭记忆画一画，画得最好的小队获胜。

2. 传递真情。

师：把元宵节的来历说给自己的爸爸妈妈或同学朋友听，并在元宵节来临之际为他们准备礼物，传达一份浓浓的爱意，表达一份感恩的心意。

【设计意图】蒙眼画灯笼活动把现场气氛推向了高潮，也让学生感受到了节日欢快的气氛，增强了竞争意识和合作意识。

活动二：元宵古诗、儿歌知多少

一、活动目标

1. 了解元宵节的由来，产生对元宵节的喜爱之情。
2. 提高收集资料、处理信息、交流合作的能力。

二、活动准备

教师制作课件，准备儿歌《卖汤圆》的视频。

三、活动过程

（一）开放式导入

议一议：把你知道的有关元宵的古诗和儿歌与大家分享一下。

赏一赏：播放儿歌《卖汤圆》的视频。

唱一唱：学生齐唱《卖汤圆》。

【设计意图】由学生耳熟能详的儿歌导入，美妙的旋律使学生仿佛身临热闹的元宵节，营造良好的课堂氛围。

（二）核心过程推进

1. 师：元宵节风俗代代相传，一些诗人也留下了关于元宵节的古诗。

正月十五夜灯

（唐）张祜

千门开锁万灯明，

正月中旬动帝京。

三百内人连袖舞，

一进天上著词声。

读一读：自由读，同桌互读，也可以带着动作有节奏地朗诵。

想一想：这首诗是什么意思？

师：元宵节是我国的传统节日。元宵节燃灯的风俗起自汉代。到了唐代，赏灯活动更加兴盛，皇宫里、街道上处处挂灯，还建有高大的灯轮、灯楼和灯树。

2. 学一学：一起来诵读关于元宵节的儿歌。

看花灯

元宵节，真热闹，

看花灯，吃元宵。

小牛灯，哞哞哞，

小狗灯，汪汪汪，

小龙灯，飞得高，

小兔灯，跑得快。

闹元宵

十五的月亮圆又圆，

十五的汤圆甜又甜。

十五的鞭炮响响响，

十五的灯笼亮亮亮。

点着烟花把歌唱，

拿着火烛把谜想。

先自己试着读一读，接着同桌一起读一读，最后全班一起读一读。

【设计意图】《正月十五夜灯》是学生已经背过的古诗，因此比较容易理解。而关于元宵节的儿歌，通过自己读、同桌读、全班读多种方式，使枯燥的朗读变得生动有趣。

（三）总结提升

师：天上明月高悬，地上彩灯万盏，人们合家团聚，吃一碗热乎的汤圆，道一声暖心的祝福，乐融融，暖融融，古代文人墨客期待的不正是这种幸福吗？元宵节在古人的不断创造中发展而来，也必将在现代人的再创造中发展下去。

【设计意图】激发学生的民族自豪感和实现伟大中国梦的责任感。

活动三：欢欢喜喜闹元宵

一、活动目标

1. 体验过元宵节的乐趣，激发对元宵节的喜爱之情。
2. 在多渠道（书籍、报刊、网络等）的收集中提升获取信息的能力。

二、活动准备

1. 教师制作课件，准备两种元宵（无馅元宵和有馅元宵）的制作过程图、花灯的图片、歌曲《卖汤圆》音频。
2. 学生收集"元宵"由来的资料，准备彩纸、笔等。

三、活动过程

（一）歌曲导入

唱一唱：《卖汤圆》。

【设计意图】欢快的歌曲带着学生愉快地进入情境，营造浓厚的学习氛围。

（二）我的元宵我做主

1. 学做元宵。

出示两种元宵（无馅元宵和有馅元宵）的制作过程图。

师：观察一下，选择其中的一种说说是怎样做成的。

学生汇报交流。

师：你的妈妈在元宵节那一天做哪种元宵给全家人分享？你喜欢吃哪一种，为什么？

学生畅所欲言。

【设计意图】使学生在制作中产生做元宵、吃元宵、了解元宵的意义的兴趣，为活动的推进奠定良好的心理基础。

2．元宵故事我来说。

师：你知道"元宵"的由来吗？赶快来汇报一下吧。

学生讲述后，教师用课件出示"元宵"的由来。

【设计意图】讲故事能提高学生的语言表达能力，培养学生收集、获取信息的能力。

3．元宵花灯我来秀。

赏花灯：说起花灯啊，老师有一些漂亮的花灯的图片，你们想不想看一看啊？

画花灯：大家也来设计一盏美丽、可爱的花灯吧！

小队合作设计花灯。

【设计意图】对学生来说，这个环节既是对前期活动的一个反馈，也能够激发学生主动探究的愿望与行动，让他们有过程性体验，使他们明白每制作一盏花灯都需要付出很多艰辛。

4. 元宵灯谜我来猜。

教师用课件出示元宵灯谜。

学生互出灯谜。

【设计意图】在游戏中，不光能让学生感受到元宵节的乐趣，更能培养学生团结协作的品质。

（三）总结性评价

提问：你还知道我国的哪些传统节日？

学生回答。

总结：点亮花灯，放飞希望。除了元宵节，中国还有许许多多的传统节日，希望小朋友们也去了解一下，把你知道的展示出来。

【设计意图】借对元宵节的学习辐射到其他传统节日的探究上去，增强学生对传统节日的认知和理解。

第四节　我与春天手拉手

主题目标

1. 关注春天，产生对春天、对大自然、对生活的热爱之情。
2. 学会收集和处理信息，提升表达、合作的能力。

主题背景

吟诵古诗文已深入我校每位师生的心里，形成了我校的特色课程。校本课堂中，我们和孩子一起收集、欣赏关于春天的古诗，和着音乐一起诵读《咏柳》《春晓》《春夜喜雨》等旋律优美、清新活泼的诗。进入三月，我们组织学生在校园、小区、公园等地寻找春天的足迹，在文本学习的基础上，拓展与春天有关的儿歌，唱与春雨相关的歌曲，用画笔把春景留在画中。我们引导学生观察春天，寻找春天，从植物的生长状态、动物的活动变化、春雨的特点等方面深入观察，并让学生用各种方式汇报自己找到的春天。

学情分析

一年级学生入学后的第一个春天，我们希望他们能通过寻找春天来感受春天到来时大自然发生的奇妙变化，加深对美好春天的喜爱。学生学习了《春笋》《雨点》《春到梅花山》《草原的早晨》等课文后，已经能从"新绿"等文字变化感受到春天细微神奇的变化了。

初次的小队合作是在相同爱好的基础上建立的，成员间还比较陌生，也对彼此比较好奇，愿意积极参与到活动中去，但没有经验，需要学着担任小队长，学着分工完成各项调查，学着去与人沟通，学着选择、记录、汇报。

活动安排

活动一：走进春天
活动二：分享春天
活动三：唱响春天

活动一：走进春天

一、活动目标

1. 走进大自然，寻找春天，用拍、画、品等方法留住美丽的春天。
2. 在大自然中发现美、亲近美，并在幼小的心灵中播撒下美的希望、爱的种子。

二、活动准备

教师制作课件，准备歌曲《春天在哪里》音频、春天的美景图。

三、活动过程

（一）开放式导入

播放歌曲《春天在哪里》音频，学生跟唱。

师：春天是一个美好的季节，万物复苏，阳光明媚。小朋友知道哪些春天的美景呢？

学生畅所欲言。

师：春风、春雨、春天的花朵、春天的小动物，所有的这一切构成了一个五彩的画面。今天，我们一起走进春天，去寻找美丽的景物。

（二）核心过程推进

1. 出示春天的美景图。

师：看到这些图，小朋友有什么想说的吗？

学生自主交流。

2. 师：小朋友们，你们想通过什么方法走进春天、留住春天呢？同桌互相讨论。（拍、品、诵、种、唱、写、画、踏……）

（1）拍关于春天的照片。

生：我们可以利用双休日去拍照片。

师：你觉得他的方法好吗？也想通过拍照片留住春天的小朋友在哪里？学生举手。

师：那你准备去哪儿拍春天？拍什么呢？

生：我们可以去公园拍春天的景色。

师：对，能说得更具体一些吗？都会拍哪些景色呢？

生：我会拍一些春天的花，比如说桃花、梨花、迎春花。

生：我还会拍柳树、小草。

师：原来你们是要拍下春天的植物来留住春天啊！还有其他的吗？

生：我会去拍小动物，因为冬天过去了，候鸟都从南方飞回来了，很多冬眠的动物都醒来了。

师：你还知道候鸟呢，懂得可真多！你要拍哪些鸟呢？

生：我要拍小燕子，还有布谷鸟和黄鹂！

师：春天大地回暖，万物复苏！春天，植物和小动物都变得更加活泼了！小朋友们，看来你们都有一双善于发现美的眼睛！

（2）诵读关于春天的儿歌。

师：除了拍照可以留住春天，你们还有什么妙招呢？

生：我会背春天的儿歌。

春天到

春天到，春天到，花儿朵朵开口笑。

草儿绿，鸟儿叫，蝴蝶蜜蜂把舞跳。

师：你背得太精彩了！请你当小老师一句一句地领着小朋友学一学吧！

学生带读儿歌。

师：老师也要送给小朋友两首有关春天的儿歌。

春来啦

小雨小雨唰唰，小风小风沙沙，

小溪小溪哗哗，小鸟小鸟喳喳，

小猫小猫喵喵，春天春天来啦！

春天来到了

燕子妹妹回来了，小鸟弟弟把喜报。

柳树哥哥换新衣，桃花姐姐开口笑，

大家一起追着跑，春天春天已来到。

学生自由朗读。

（三）开放式延伸

教师总结：今天，大家分享了这么多留住春天的方法，接下来就要请你选择自己最喜欢的方法和小伙伴们一起去寻找春天！下节课我们将分享我们的寻找成果。

活动二：分享春天

一、活动目标

1. 感受春天的美，体验春天到来的喜悦，加深对春天的喜爱。

2. 产生乐于合作、交往的愉悦感，增进生生之间及师生之间的亲密关系。

二、活动准备

学生以小队为单位去寻找春天，准备汇报材料。

三、活动过程

（一）开放式导入

师：俗话说"一年之计在于春"。前两周，我们班的四个小队正式成立了,开始了寻找春天的快乐旅程。快和你们找到的春天打个招呼吧。

生(齐声打招呼):你好,春天!

师:有请各小队亮相!

各个小队分别亮相。

【设计意图】活动开始前,简单介绍四个小队的情况,并用自我介绍的方式让大家更快地进入活动氛围。

(二)核心过程推进

教师扮演"春姐姐",组织小队汇报。

每个小队汇报后,组间互评,拓展提升,给予学生广阔的思考空间。

1. 百花小队——植物研究。

生:春姐姐好,大家好,我们是百花小队。

齐唱:春天在哪里呀?春天在哪里呀?

生:春天在这里!(举出小草)瞧,小草探出小脑袋,绿油油的。

生:(不约而同举出很多小草)一丛丛,一片片,软软的绿草地来了!

(将小草贴上黑板)

生:春姐姐,我最喜欢满地开放的鲜花了。大家猜猜这是什么花?(出示图片)

杏花

梨花

迎春花

广玉兰

（1）这是白里透粉的杏花，还有雪白的梨花，我们一直想比比谁开得最美。

（2）这是嫩黄的迎春花，年年都早早地排着整齐的队伍热情地欢迎春姐姐的到来。

（3）这是紫红色的广玉兰，一片片花瓣可漂亮啦，远远望去，就像晶莹的酒杯。

生：春姐姐，你看这里像不像百花园啊？

春姐姐：太像了，（闻）哈哈，还散发着清香。

生：太棒了，我们继续找吧。看，这儿有细细长长的柳条。春姐姐，我常常看到你和柳条在小河边翩翩起舞，可美了。

春姐姐：谢谢百花小队，你们用善于观察的眼睛把美丽的春天带到了我们身边。春姐姐采访你们一下，你们是怎么找到这些花的？

生：一开始，春天开什么花，我们谁也不知道。

生：在语文书上找到了梨花、杏花和桃花，又去问爸爸妈妈，然后在小区里找到迎春花。

生：我在妈妈的帮助下找到了广玉兰。

春姐姐：看来遇到问题寻求书本和大人的帮助真是一个好办法。谢谢你们的分享，其他小朋友知道春天还有什么花开放吗？

学生畅所欲言。

春姐姐：黄的，白的，紫的，粉的，绿的，春天真是一个五彩的世界呢！

2. 精灵小队——动物研究。

生：（假装从睡梦中醒来，伸个大大的懒腰）你好，春姐姐，我们是精灵小队。

生：（扮演小青蛙）呱呱呱，大家好，猜猜我是谁？

众生：小青蛙！

生：恭喜你们答对了！我们一起来听听小蝌蚪变形记的故事吧！（六个学生扮演小青蛙手拿图片开始介绍）

第一张：池塘里有一群小蝌蚪，大大的脑袋，黑灰色的身子，甩着长长的尾巴，快活地游来游去。

第二张：小蝌蚪游哇游，过了几天，长出两条后腿。

第三张：小蝌蚪游哇游，过了几天，长出两条前腿。

第四张：小蝌蚪游哇游，过了几天，尾巴变短了。他们游到荷花旁边，看见荷叶上蹲着一只大青蛙，披着碧绿的衣裳，露着雪白的肚皮，鼓着一对大眼睛。

第五张：小蝌蚪游过去，叫着："妈妈，妈妈！"

第六张：青蛙妈妈低头一看，笑着说："好孩子，你们已经长成青蛙了！"不知什么时候，小蝌蚪的尾巴已经不见了。他们跟着妈妈，天天去捉害虫。

春姐姐：原来小蝌蚪有两个名字，这真是一个有趣的故事。

生：考考大家，小青蛙是先长前腿，还是先长后腿？

出示蝌蚪变青蛙的图片。

学生又拿出两张图片。

生：（扮演大雁和小刺猬）春姐姐，我们也回来了。

春姐姐：小朋友，你们知道他们是谁吗？

众生：大雁和小刺猬。

大雁：哈哈，我就是大雁。

小刺猬：大雁姐姐，快告诉我们，你们是怎样去南方的呀？

大雁：我们组成一个团队，一会儿排成一字形，一会儿排成人字形，在天空中自由地飞翔。

小刺猬：为什么呀？

大雁：我们翻越高山，飞过大海，路上还会遇到很多危险呢！只有团结在一起，互相帮助才能到达目的地。

春姐姐：团结、帮助，讲得真是太好了！

3. 雨点小队——气象研究。

生：淅沥沥，淅沥沥，我们是快乐的雨点队！美丽的春姐姐，真高兴又见到你了，我们要把最动听的歌献给你。

春姐姐：唱什么歌呢？

生：一定要唱春姐姐和小朋友们都喜欢的歌。

齐唱《小小雨点》。

春姐姐：哇，好细好密的雨点呀，活泼又欢快。小雨点，我也好想和你们一起学唱歌，你们可以教我吗？

生：当然可以，我们一起唱《小小雨点》。

学生共同唱歌。

春姐姐：你们喜欢雨点小队的歌吗？

4. 风筝小队——阳光活动研究。

生："草长莺飞二月天，拂堤杨柳醉春烟。儿童散学归来早，忙趁东风放纸鸢。"春姐姐你好，知道这是什么吗？（出示图片）

春姐姐：漂亮的风筝。

生：是的。今天，我们风筝小队要给大家介绍一下各种各样的风筝。

生：有老鹰形的、蜈蚣形的、燕子形的、金鱼形的、蝴蝶形的……

生：小朋友，你们会放风筝吗？

众生摇头。

生：没关系，我们来看看吧。（播放放风筝视频）

春姐姐：这么厉害，这是谁放的呀？

生：这是我在爸爸的帮助下把风筝放上天的。

春姐姐：我们要挑一个春风吹得很合适的天气，自己拿风筝的提线，逆风向前边跑边看，还要注意风筝飞升的状况，直到感觉风劲够，风筝向上爬升时，才可停下来，慢慢放线。

生：春姐姐，你也会放风筝呀！我们邀请你加入我们小队周末一起去郊外放风筝。

春姐姐：好呀！小朋友，让我们脱掉厚厚的棉衣，迈开轻快的步伐，一起和春姐姐去郊外放风筝，好吗？

【设计意图】使学生在了解春天景物的变化中进一步感受春天的烂漫多姿和生机活力。在角色转换、合作分享、师生互动、生生互动的过程中，使学生感受生活中春天般的温暖。

（三）许下心愿，播种春天

师：小朋友，让我们手拉手，不但在春天欢笑，更在一起思考，在春天给自己播下一个小小的心愿，行动起来，一起等待开花结果。

学生集体唱《郊游》，手拉手表演。

【设计意图】让学生在原有的基础上进行练习、提升，为下一阶段主题活动的推进做好准备。

活动三：唱响春天

一、活动目标

1. 在陪伴植物生长的过程中，用行动来爱护树木。

2. 在植树全过程中，体验劳动的艰辛、合作的快乐，树立热爱大自然、保护环境的意识。

二、活动准备

教师制作课件，准备关于植树方法的图片。

三、活动过程

（一）导入活动

师：小朋友们，我们欣赏过春天的美景，这节课让我们亲自来播种这美丽的春天吧！

(二) 核心过程推进

1. 了解植树方法。

看一看，议一议。

学生汇报植树过程。

2. 了解保护方法。

师：我们应该怎样保护小树苗，呵护小树苗茁壮成长？

各小队议一议、写一写。

"护绿爱绿"的草坪标语
1. 手下留情花更美，脚下留情草更茂。
2. 小草也是有生命的，请不要踩踏。
3. 少一个脚印，多一分青翠。
4.
5.
6.

3. 唱响植树造林儿歌。

小朋友们来植树

明媚阳光当空照，
小朋友们来植树。
我拿铲，你拎水，
种下棵棵小树苗。
绿化祖国大家园，
保护环境我有责。

植树节，来种树

植树节，来种树，
先种一棵常青树，
屹立大地傲风霜。
再种白杨顶呱呱，
挡住风沙爱路坝。
还要种上岸边柳，
春风得意随风扬。
年年植树护地球，
人人环保永欢笑。

（三）行动倡议

1. 了解森林的功能。

师：一棵棵小树就是一片片森林，可以消除噪音，净化空气，美化环境，一起来看一看吧。

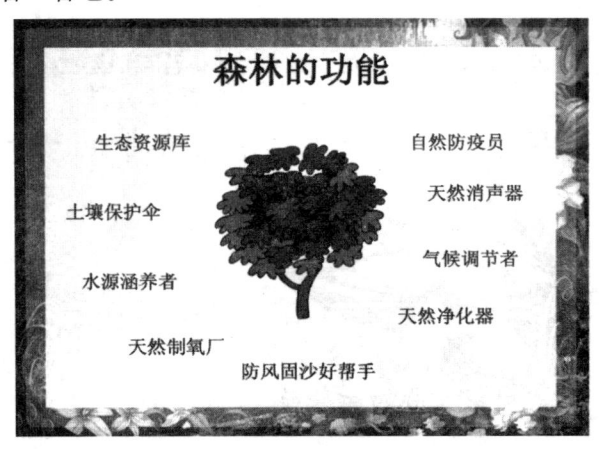

2. 养绿植。

师：美丽的春天，雨水充足，土壤湿润，正是树苗生长的好季节，我们可以从身边做起，保护校园、社区里的花草树木，我们可以养一盆绿植。

（四）拓展活动

在教师的指导下，每个小队都要根据植物生长情况认真写好日记，并把生长情况做比较，归纳出"植物生长需要哪些条件"。

日期： 月 日 天气：

第三章 二年级活动课程实施方案

第一节　趣味游戏乐参与

主题目标

1. 感知规则的重要性，学会文明游戏，体验文明游戏带来的快乐。
2. 解决游戏中遇到的问题，锻炼交往能力，增强小队凝聚力，促进小队的建设与成长。

主题背景

每年11月，我校都会举办一年一度的体育节，二年级组也需在体育节中开展富有年级特色的趣味运动会。我们将体育节与班队活动整合起来，根据总体目标，围绕"趣味游戏乐参与"的主题，初步确定了"安全课间，快乐活动""玩游戏，明规则""'绳'采飞扬"这三个循环上升的系列活动，为学生创设一个自由、安全、轻松、活泼的环境，指导学生玩出健康与安全，玩出花样与创新，玩出自信与团结。

学情分析

二年级学生已经适应了校园生活，进入了有规则的学习常态。在校园活动中他们呈现出以下特点：自我约束能力较差，缺乏主动性，喜欢拖拉。想玩，却不知从何玩起；爱玩，但还不会选择合适的游戏。虽然同学之间会闹些不愉快，学生的交往能力也不强，但为了集体的荣誉还是会积极参与、不懈努力。这一年段的学生急需通过系列活动来了解适合自己的游戏，明确游戏规则，在游戏中获得快乐与成长。

活动安排

活动一：安全课间，快乐游戏
活动二：玩游戏，明规则
活动三："绳"采飞扬

活动一：安全课间，快乐游戏

一、活动目标

1. 认识到课间不良行为的危害性，提高课间休息时的安全和文明意识。

2. 提高团队合作意识，感受课间游戏的快乐。

二、活动准备

教师制作课件，准备关于学生课间活动、学习环境被破坏的图片，翻花绳游戏步骤图片，游戏背景音乐，红绳若干条。

三、活动过程

（一）谈话导入

师：同学们，冰心奶奶教育我们"专心地学习，痛快地玩"。上课时，我们要专心地学习知识，课间我们要痛快地玩。玩是我们每一个同学的天性。相信大家一定很喜欢课间吧！虽然只有短暂的十分钟，但那是属于同学们的自由的空间、休息的时间。

（二）核心过程推进

1. 不良行为明安全。

师：课间，同学们会做些什么呢？老师在课间专门去校园里观察了同学们的休息情况，发现了以下几种现象。请大家仔细看图，你在图上看到同学们在课间做了什么？

出示图片。

（1）一个同学想跳上围栏看一楼的小朋友，十分危险。

（2）几个同学在追逐打闹，你推我打，一名同学都摔倒在地了。

（3）一个同学拿绳子当武器打人。

（4）两个同学想从楼梯扶手上滑下去。

师：看完了这组图片，你有什么感想吗？

生：太危险、太不文明……

师：是呀，其实不合理的课间活动也会给我们的学习环境造成一定的破坏。同学们看，老师在校园里还记录了这样一组图片（出示桌椅歪斜、教室地面杂乱无章的图片）。同学们，看后你们想说些什么呢？

学生交流。

师：看过这一系列图片，同学们肯定有很多感受。想一想，说一说，课间我们应该注意什么？

学生交流。

教师出示注意点：（1）不能追逐打闹，扰乱别人的休息与游戏；（2）在下课时，要先做好下节课的课前准备，再出去活动；（3）不进行过分剧烈的活动，课间要讲文明、讲卫生，注意安全，不做危险的事，不去危险的场所，做好课间自我防护。

2. 快乐游戏丰课间。

（1）师：课间本来是同学们自由休息的时间，可是大家稍不注意，就会让它成为学校里安全隐患最大的时段。课间我们可以做什么呢？你最喜欢做什么呢？

学生交流。

（2）师：是啊，课间做做游戏，多么快乐，相信同学们也都很喜欢。今天咱们星光中队的同学就智慧大集合，一起给我们的课间休息支支招，推荐一些能给大家带来欢乐的游戏。四人小队开始讨论，选出你们小队要推荐的游戏。在讨论之前，老师有几个小提示：①推荐时要说清楚游戏名称和游戏规则；②要考虑安全性；③要考虑场地限制。

学生小队内部讨论，并以小队汇报的形式推荐游戏，如挑小棒、萝卜蹲、下棋、跳皮筋等。

教师相机与学生互动体验游戏，然后采访参加游戏的学生，让他们说说自己的感受。

（3）教师推荐：翻花绳。

介绍游戏规则：翻花绳是我国民间流传的儿童游戏。在不同的地域有不同的叫法，如线翻花、翻花鼓、挑绷绷、解股等。这是一种利用绳子玩

的游戏，只需灵巧的手指就可翻转出许多花样。

教师示范。

出示翻花绳游戏步骤图。

分发红绳，小队学生两两合作，体验游戏。

（三）总结提升

教师总结：同学们各展风采，推荐的游戏都非常有趣。相信通过刚才的讨论，同学们也明确了我们课间应该去玩一些有益的游戏，而不是漫无目的地追逐打闹。老师希望大家能够发挥创造力，为我们推荐更多合适的课间游戏，还可以自己去创编一些游戏来充实我们的课余生活。同时，老师也希望通过这一次主题班会，同学们会在游戏时多一分思考。最后，让我们在欢快的音乐声中，一起来读一读儿歌，把安全课间、快乐游戏记在心中，落实到每一个课间十分钟！

课间十分钟

下课铃声响，依次出课堂。

走廊慢慢行，有序不争抢。

楼梯靠右行，不闹不推搡。

运动要适量，上课精力旺。

快乐做游戏，丰富又多姿。

安全记心上，时时不能忘。

【设计意图】课间十分钟，是学生自由玩耍的时间。可是，如何玩耍，在现实中出现了很多问题。本课从学生课间生活实际出发，目标明确，促使学生去思考、去探究、去找寻既安全又快乐的课间活动方式。

活动二：玩游戏，明规则

一、活动目标

1. 能根据场地、时间选择合适的游戏活动，具备改变游戏玩法的能力，发挥自身的想象力和创造力。

2. 提升规则意识，在享受快乐课间活动的同时提高活动的安全系数。

二、活动准备

1. 教师制作课件，准备学生课间活动视频、介绍下五子棋规则的动画视频。

2. 学生以小队为单位准备游戏材料。

三、活动过程

（一）开放式导入

师：上周我们推荐了很多好玩的游戏，同学们的课间也因此丰富了起来。接下来我们一起来看看大家的课间活动视频。

播放课间活动视频，学生认真观看。

师：玩游戏的同学很开心，那么这些游戏是不是都适合在课间玩耍呢？这节课我们一起来玩一玩，说一说。

【设计意图】通过播放视频，引发学生思考。

（二）正视问题，明确游戏规则

1. 第一小队亮相：介绍小队名称、口号。

展示游戏：翻花绳玩得好的两个小队成员先上来展示。

教师采访：你们为什么能玩得这么好？能给大家介绍介绍秘诀吗？

学生介绍自己玩得好的原因。

请三对学生分组示范，其他学生拿出准备好的花绳，两两现场学习翻花绳。

师：同学们觉得翻花绳的游戏适合在课间玩吗？翻花绳还有很多新花样呢，课后大家可以自己去发掘。

2. 第二小队亮相：介绍小队名称、口号。

展示游戏：下五子棋。

教师播放介绍下五子棋规则的动画视频。

学生介绍下五子棋的规则。

师：你们觉得五子棋游戏适合在哪里玩呢？

学生各抒己见，多数认为五子棋游戏适合在教室里玩。

3. 第三小队亮相：介绍小队名称、口号。

展示游戏：跳皮筋。

教师组织学生讨论此游戏的场地问题。

学生展示不同的跳法，边介绍边演示。

4. 第四小队亮相：介绍小队名称、口号。

展示游戏：挑小棍。

学生讲解游戏规则：收集一大把小棍，洗干净。玩的时候要席地而坐，把手中的小棍从一定高度上撒下，然后一根一根取出。取的时候一次只能拿一根，碰到别的小棍就轮到对方取，取出的归自己。最后看谁的小

棍多就算谁赢。

分小队玩挑小棍游戏。

交流：玩的时候出现了什么问题？怎样玩才能玩得好？请玩得好的小队介绍经验。

5. 评比：颁发最佳创意奖、游戏高手奖等。

6. 师：看了这些小朋友的课间游戏，你有什么想说的？

学生畅所欲言。

师：看来安全开心地玩游戏也是一门学问呢！我们得学学。首先要根据不同的场地选择合适的游戏，制订不同的游戏规则。像挑小棍这种集体游戏，每一个人都要按规则，守秩序，这样大家才能玩得既安全又开心。

【设计意图】通过小队讨论交流的方式，明确游戏规则，引导学生参与安全、快乐的课间活动。

(三) 开放式延伸

教师提醒学生课后收集更多的游戏，并改变游戏规则，使得这些游戏能让大家在教室和走廊中玩得既安全又快乐。

【设计意图】把创新意识渗透到日常生活中去。

活动三："绳"采飞扬

一、活动目标

1. 热爱体育运动，享受运动的乐趣，提高身体的灵活性、协调性。
2. 培养交往能力和团队精神。
3. 培养创新意识和创造能力，体验一物多玩的乐趣。

二、活动准备

教师制作课件，准备各种绳子（麻绳、毛线绳、皮筋等）。

三、活动过程

(一) 谜语导入

谜面：绑人绑得紧，剪刀剪得断，粗粗细细有，长长短短有，请你猜一猜。

谜底：绳子。

(二) 扩散思维活动

师：你见过什么样的绳子？这些绳子有什么用处？

学生相互说、个别说。

师：你们这么喜欢绳子，老师把这些绳子请到了我们班。

依次出示并介绍不同的绳子。

学生自由观察、选择自己喜欢的绳子。

（三）智慧大碰撞

1. 师：大家都找到了自己喜欢的绳子，下面请你们说一说，你手里拿的是什么绳子？

生：毛线绳、跳绳、草绳……

师：它有什么用处？

生：绑东西、织毛衣、缝衣服……

师：用它可以做什么游戏？

引导学生说出一人玩、两人玩或多人玩的游戏。

2. 师：大家想出了这么多玩法，下面请你们找到自己的小队，两人或多人来玩这些绳子，你们能发挥聪明才智，让这些绳子变得更有趣吗？

小队讨论、创编绳子游戏。

小队展示自己创编的游戏，教师相机介入（从游戏的可行性、安全性、创新性等方面进行评价，引导小队之间互相交流、点评）。

3. 教师补充绳子游戏，并让学生亲身体验。（若学生已经介绍过，就不再补充）

（1）绳子操。

师：同学们拿起绳子甩甩看，感觉怎么样？

学生都甩起了绳子，为了安全起见，教师将队伍排得宽宽的，以不甩到"邻居"为宜，然后做起了绳子操：上甩甩，下甩甩，左甩甩，右甩甩……

（2）钻山洞。

师：如果两个同学各牵起绳子的一端，又有什么好玩的游戏呢？

两名学生各拉好绳子一端，其他学生纷纷从下面钻过去。

教师再次指导学生将绳子高度降低，使难度增大，学生匍匐爬过去，锻炼爬行能力。

（3）玩绳子球。

师：现在老师来表演一个魔术。这是一条绳子，它的形状是长长的条形，变变变（将绳子打结缠绕成球形），现在发生了什么改变？

生：变成了球！

师：同学们玩过绳子做的球吗？想不想玩？

生：想！

教师将学生的绳子都缠成球状，鼓励他们探索绳子球的多种玩法，并示范进行丢球、接球、投球等游戏。

(4) 绳子格。

把几根绳子铺在地上可以组成不同形状的方格，如长方格、U型格……学生排队轮流跳方格。

【设计意图】以学生操作为基础，紧紧围绕绳子展开教学，通过巧妙地设计教学，锻炼学生的四肢协调能力，激发学生的想象力、创造力、团队精神，使学生在勇敢尝试的过程中体验游戏的快乐。

第二节　团团圆圆庆中秋

主题目标

1. 体会中秋节的美好内涵。
2. 进一步感受中秋节的礼仪文化，感受中国传统文化的多姿多彩。

主题背景

中华民族的传统节日多种多样，尤其是丰富的节日文化，已成为民族文化的重要组成部分。

中秋节是我国仅次于春节的第二大传统节日。中秋月明情意浓，圆圆的月亮、各式的月饼象征着团圆，在中秋之夜，人们还爱吃些象征团圆的果品，祈祝家人幸福美满、甜蜜安康。虽然学生都喜欢过中秋节，但是对这个节日了解得并不深刻。我们希望借助此次活动，让学生充分了解各地多种多样的中秋节的风俗习惯，了解这一节日的渊源、民间各种不同的庆祝方式，以及其中所承载的独有的文化内涵，体验中秋节吃月饼、庆丰收、庆团圆、送祝福、感亲情的意义；同时使学生初步了解中国传统节日中所蕴含的文化内核，真正了解节日，了解中国传统文化，让节日真正给我们带来快乐与幸福。

学情分析

二年级学生已经参加过各种各样的小队活动，尽管小队成员之间还缺少真正的合作与互动，但已表现出一定的集体意识。在实践中也发现，当以小队评价代替个体评价时，伙伴的力量对学生行为的影响很大。因此进入二年级后，首先在班中建立了小队，希望利用小队中优秀学生的力量来带动其他的成员，使班集体能够整体成长。二年级学生普遍对节日有了形象的感知，对节日的认知呈现以下特点。

1. 喜欢节日游戏活动。学生喜欢以诵读有关节日的儿歌和开展有关节日的游戏的方式来认识、感知节日，将节日习俗融入生活中，在玩中学、玩中创。

2. 缺乏节日文化感知。学生有了初步的节日意识，但对传统节日的来历缺乏一定的认知，很少有亲身参与传统节日活动的实践体验。

活动安排

活动一：月儿圆圆话中秋
活动二：中秋佳节有诗情
活动三：我打算这样过中秋

活动一：月儿圆圆话中秋

一、活动目标

1. 了解中华民族传统的中秋文化的源远流长、博大精深。
2. 感受幸福美好的生活，增进对文化传统知识的探究心理。
3. 产生主体参与意识，提升收集、整理信息的能力和语言表达能力，增强团结合作精神。

二、活动准备

1. 教师制作课件，准备月饼。
2. 学生以小队为单位收集关于中秋节的资料，每名学生创作一首关于中秋节的小诗，准备贺卡。

三、活动过程

（一）开放式导入

师：凉爽的秋风，火红的枫叶，九月，我们即将迎来一年一度的中秋佳节。今天，我们一起聊聊中秋节。

各小队介绍小队名称及口号。

（二）核心过程推进

1. 中秋节的来历及相关神话传说。

师：每年农历的八月十五，是我国传统的中秋佳节。关于中秋节的由来有许多种说法，下面就请智慧小队的成员为大家介绍一下吧！

学生介绍中秋节的由来和相关神话传说。

2. 中秋节的习俗。

师：每逢中秋佳节，祖国各地的人们会用不同的方式来庆祝，下面就听听喜羊羊小队的介绍吧！

学生介绍中秋节的习俗。

3. 中秋节的诗词和歌曲。

师：古往今来，人们常用"月圆月缺"来形容"悲欢离合"，客居他乡的游子，更是以月来寄托深情。今天我们也来当一回客居他乡的游子，在吟诗中感受古人的心情。下面由啦啦小队为我们吟诵李白的《月下独酌》。

学生吟诵《月下独酌》。

小队内交流自己课前创作的关于中秋节的小诗，然后派代表在全班吟诵自己的诗。

唱一唱：《爷爷为我打月饼》。

4. 中秋节的特色美食。

师：中国的美食天下闻名，中秋节到了，祖国各地当然少不了一些特色食品，下面就来听听梅花小队的介绍。

学生介绍中秋节的特色美食。

师生共品月饼。

（三）开放式延伸

师：中秋节即将来临，请你拿起手中的贺卡，写上几句心中的话，给亲朋好友送上真挚的祝福。

学生书写中秋节祝福语。

【设计意图】让学生感受中秋节的美好，提高学生的审美情趣。

四、资料共享

（一）中秋节相关神话传说

嫦娥奔月

相传，远古时候，有一年天上出现了十个太阳，烤得大地冒烟，海水枯干,老百姓眼看就无法再生活下去了。这件事惊动了一个名叫后羿的英雄,他登上昆仑山顶,运足神力,拉开神弓,一口气射下九个太阳。后羿立下盖世之功,受到了百姓的尊敬和爱戴,不少志士慕名前来投师学艺,奸诈刁钻、心术不正的蓬蒙也混了进来。不久,后羿娶了一个美丽善良的妻子,名叫嫦娥。后羿除传艺狩猎外,终日和妻子在一起,人们都羡慕这对郎才女貌的恩爱夫妻。一天,后羿到昆仑山访友求道,巧遇由此经过的王母娘娘,便向王母求得一包不死药。据说,服下此药,能即刻升天成仙。然而,后羿舍不得撇下妻子,只好暂时把不死药交给嫦娥珍藏。嫦娥将药藏进了梳妆台的百宝匣里,不料被蓬蒙看到了。三天后,后羿率众徒外出狩猎,心怀鬼胎的蓬蒙假装生病留了下来。后羿率众人走后不久,蓬蒙手持宝剑闯入内宅后院,逼嫦娥交出不死药。嫦娥知道自己不是蓬蒙的对手,危急之时她当机立断,打开百宝匣,拿出不死药一口吞了下去。嫦娥吞下药后,身子立时飘离地面,冲出窗口,向天上飞去。由于嫦娥牵挂丈夫,便飞落到离人间最近的月亮上成了仙。傍晚,后羿回到家,侍女们哭诉了白天发生的事。后羿又惊又怒,抽出剑去杀恶徒,蓬蒙早逃走了,气得后羿捶胸顿足哇哇大叫。悲痛欲绝的后羿,仰望夜空呼唤爱妻的名字。这时他惊奇地发现,今晚的月亮格外皎洁明亮,而且上面有个晃动的身影酷似嫦娥。后羿急忙派人到嫦娥喜爱的后花园里,摆上香案,放上她平时最爱吃的蜜食鲜果,遥祭在月宫里眷恋着自己的嫦娥。百姓们闻知嫦娥奔月成仙的消息后,纷纷在月下摆设香案,向善良的嫦娥祈求吉祥平安。从此,中秋节拜月的风俗在民间便传开了。

吴刚伐桂

版本一:

相传月亮上广寒宫前的桂树生长繁茂,有五百多丈高。树下有一个人常在砍伐它,但是每次砍下去之后,被砍的地方又立即合拢了。几千年来,就这样随砍随合,这棵桂树永远也不能被砍倒。

据说这个砍树的人名叫吴刚,是汉朝西河人,原本是凡间的一位樵夫,但是他不喜欢当樵夫,于是就请白发神仙教他仙术,可是他学了很久都没有学成。后来,他又请白发神仙教他神游到月亮上。因为他始终不肯专心学习,所以白发神仙很生气,就把他留在月宫,并说:"如果你能心平气和地砍倒桂树,你就可以获得仙术。"可是,日复一日,年复一年,吴刚仍在不断地砍伐桂树,桂树又不断地愈合。

版本二：

南天门的吴刚和月宫中的嫦娥很要好，他经常因为与嫦娥相会而疏于职守。玉皇大帝知道后，一气之下，就罚吴刚到月亮上去砍一棵高大的月桂树，如果吴刚不砍光这棵月桂树的枝叶，便不能重返南天门，亦不能与嫦娥相会。

吴刚砍啊，砍啊，从冬天砍到夏天，足足砍了半年，眼看要将树的枝叶砍光了，玉帝却派乌鸦来到月桂树旁，把吴刚挂在树上的上衣叼去了。吴刚马上放下斧头，去追乌鸦。衣服追回后，吴刚回到树旁却发现被砍下的所有枝叶又重新生长到树上去了。之后，每当吴刚快要砍光月桂树的枝叶时，乌鸦就站在树上"哇哇"大叫，吴刚只要停下斧头，望乌鸦一眼，大树便会重新长出枝叶。这样，年复一年，吴刚总是砍不完这棵月桂树的枝叶。

玉兔捣药

传说之一：

相传月亮上有一只兔子，浑身洁白如玉，所以被称作"玉兔"。这只白兔拿着玉杵，跪地捣药，制成蛤蟆丸，服用此药便可以长生成仙。久而久之，玉兔便成了月亮的代名词。古时候，文人写诗作词，常常以玉兔代表月亮，如辛弃疾《满江红·中秋》中的句子"著意登楼瞻玉兔"。

传说之二：

传说有三位神仙化身为三个可怜的老人，向狐狸、猴子及兔子乞食，狐狸及猴子都拿出了食物接济老人，只有兔子没有。然而兔子对他们说："你们吃了我吧！"就往烈火中跳了进去，神仙们大受感动，于是将兔子送到了广寒宫成了玉兔。后来，玉兔就在广寒宫里与嫦娥相伴，并捣制长生不老药。

（二）中秋节相关习俗

祭月

我国人民在古代就有"秋暮夕月"的习俗。夕月，即祭拜月神。到了周代，每逢中秋夜都要举行迎寒和祭月的仪式。中秋节是汉族传统的节日，少数民族的祭月与汉族的中秋节也有相似之处，如壮族的祭月亮等。

烧宝塔

中秋节烧宝塔的习俗与反抗元兵的义举有关。元朝确立统治地位后，对汉人进行了血腥的统治，于是汉人进行了不屈的反抗，各地相约于中秋节起事，在宝塔的顶层点火为号。这种反抗虽被镇压了下去，却遗存了烧宝塔这一习俗。

舞火龙

舞火龙是每年中秋节汉族的民俗文化活动。据说舞了火龙后可以趋吉避凶，风调雨顺。以前用稻秆扎成龙头、龙身的形状，插上燃着的香，由身强力壮的小伙子赤膊上阵舞动。传说龙能行云布雨、消灾降福，象征祥瑞，所以以舞龙的方式来祈求平安和丰收就成为全国各地的一种习俗了。

活动二：中秋佳节有诗情

一、活动目标

1. 积极参与中秋节的文化娱乐活动。
2. 加深对中国传统节日的喜爱之情。
3. 体会创作的乐趣。

二、活动准备

1. 教师制作课件，准备卡纸、彩笔。
2. 学生收集关于中秋节或月亮的谜语和诗词。

三、活动过程

（一）谈话导入

师：中秋节又名团圆节，人们都会在这一天互相赠送祝福。你喜欢以怎样的方式送祝福呢？

互动：学生畅所欲言，交流自己送祝福的方式和内容。

师：正所谓"每逢佳节倍思亲"，每到中秋，在我们和家人欢聚一堂、共享天伦之乐时，还有很多人在各自的岗位上辛勤地工作，不能回家与家人团聚。你知道有哪些人呢？你想对他们说点什么？

学生交流。

师：中秋节送祝福是一件非常有意义的事，付出真情，每个人都能收获一份幸福。

（二）吟诗作对品中秋

师：中秋节是个热闹的节日，人们会举行赏月、祭月、吃月饼等一系列活动。中秋节也是个风雅的节日，古人常常在这天吟诗作对，用优美的

文字传递深深的祝福。今天我们就请同学们来分享有关中秋节或月亮的谜语和诗词吧。

1. 猜字谜。

小队内部交流自己收集到的谜语，选出最喜欢的一则谜语。

全班交流，以抢答的形式猜谜语。

字谜：

(1) 明天日全食。打一字。（月）

(2) 二月平。打一字。（朋）

(3) 月与星相依，日和月共存。打一字。（腥）

(4) 一对明月毫不残，落在山下左右站。打一字。（崩）

(5) 掬水月在手。打一成语。（掌上明珠）

(6) 天秋月又满。打一食品。（桂圆）

(7) 清流映明月。打一生活日常用语。（漂亮）

(8) 残月斜照影成对。打一字。（多）

2. 品赏诗词。

师：中秋之夜，月色皎洁，古人把圆月视为团圆的象征，古往今来，人们常用"月圆月缺"来形容"悲欢离合"，客居他乡的游子，更是以月来寄托深情，留下许多千古绝唱。

学生分享收集到的关于中秋节或月亮的诗词。

(1) 李白的"举头望明月，低头思故乡"。

(2) 苏轼的"明月几时有，把酒问青天……但愿人长久，千里共婵娟"。

(3) 杜甫的"露从今夜白，月是故乡明"。

(4) 王安石的"春风又绿江南岸，明月何时照我还"。

(5) 张九龄的"海上生明月，天涯共此时"。

(6) 苏轼的"此生此夜不长好，明月明年何处看"。

(7) 李商隐的"云母屏风烛影深，长河渐落晓星沉。嫦娥应悔偷灵药，碧海青天夜夜心"。

（三）开放式延伸

巧手创作中秋祝福卡：选择自己最喜欢的一首诗或谜语，把它写在卡纸上，并写上一句祝福的话，送给自己最亲近的人，传达感恩、祝福之情。

活动三：我打算这样过中秋

一、活动目标
1. 进一步感受中秋节的礼仪文化。
2. 培养收集、整理资料的能力。
3. 培养合作能力、策划能力。

二、活动准备
教师制作课件，准备《水调歌头·明月几时有》朗诵音频。

三、活动过程
（一）谈话导入
师：中秋节是我国的传统佳节，回忆以往你和家人是怎样欢欢喜喜度过这一天的？
学生畅所欲言，各抒己见。
教师归纳学生说的几大活动：（1）走亲访友；（2）馈赠礼物；（3）宴请宾朋；（4）赏月，吃月饼。

（二）核心过程推进
1. 师：这个中秋节你打算怎样过呢？
按照学生的选择，将他们分成走亲访友队、馈赠礼物队、宴请宾朋队、赏月吃月饼队。
2. 各小队讨论相关话题，教师及时介入，点拨提升。
（1）走亲访友队。
师：中秋节走亲访友有哪些礼仪？你需要注意什么？
教师引导学生从"八礼四仪"中的"仪表之礼""仪式之礼""言谈之礼""待人之礼"等方面来谈。
（2）馈赠礼物队。
学生图文结合，汇报馈赠礼物的学问。
（3）宴请宾朋队。
学生围绕要宴请哪些人、点什么菜、用餐的礼仪等汇报。
（4）赏月吃月饼队。
师：赏月吃月饼的时候可以做些什么？说些什么呢？

（三）总结延伸
师：今天的活动，你有什么收获？

学生畅所欲言。

教师总结：同学们了解了那么多关于中秋节的知识，又为过今年的中秋节出了那么多好主意，虽然大家采用各种各样的形式来庆祝这个传统佳节，但所有人心中有个共同的愿望，那就是——花常开！月常圆！人常在！老师感到好开心。看来，我们中队是一个幸福的大家庭，就像中秋节的月亮一样圆圆满满！

播放《水调歌头·明月几时有》朗诵音频。

师："但愿人长久，千里共婵娟"，美好的时光带给了我们无限的快乐，也留给了我们无限的遐思。感谢每个同学的参与，相信我们的明天会更美好。

四、资料共享

（一）我国中秋节馈赠礼物的习俗

秋收之际的中秋节，正是加强亲人联系、增进感情的好时机，是一年当中仅次于春节的馈赠大节。人们往往在节前数日甚至月初就开始赶办节礼，相互馈送。直到今天，中秋节送节礼的习俗依然盛行。

作为团圆象征的月饼和时鲜的瓜果都是馈赠佳品。其他节礼各地多有不同，如在广东东安要送糖饴；在湖南蓝山，亲友间多馈赠鸭；在江苏六合，家家以菱藕、蹲鸥、糖饼相赠；在四川江津，节前一日互相馈赠糍饼，取意其圆；福建同安节前一二日，亲友间互送月饼、番薯、芋魁，中秋时以此祀先和祭神；在台湾嘉义，节前人们互送月饼、麻糍；等等。

中秋送礼习俗颇多，如在江苏地区，必须送礼的有学徒向师父送礼，分家的儿子给父母送礼，女婿给岳父母家送礼，等等。其中，最重要的还是亲戚之间互赠节礼。

母家给女儿家送礼，是较为普遍的中秋节送礼习俗。在河南新安，母家携枣糕、月饼、梨、柿、石榴等去看视女儿，称为"送糕"。在山东泰安也有八月十五看女儿的习俗，节前家家户户买好月饼、鲤鱼之类的礼物，去看望自家已出嫁的女儿。

对于新嫁女，母家送礼更为隆重。在浙江乌青，有新嫁女的人家要以盘或箱盛月饼，送至女儿家，叫作"致秋节"。浙江双林的新妇之母家必备果品、粉圆（意为团圆）相送。在福建福鼎，父母给已出嫁的女儿送中秋节礼，第一次送节称"送头年"，礼品要丰厚，以中秋粿、月饼为主，再加酒、鸡、鸭。其中，中秋粿又有白粿（米浆加盐蒸熟）、糖粿（米浆加红糖蒸熟）、肉粿（米浆加盐、肥猪肉、葱头油、葱叶等蒸熟）、芋蛋粿

（也称槟榔芋粿）等多种，粿圆味美，象征团圆。女儿只收下中秋粿和月饼，其他礼品一般退回，再添上几种礼品为压礼。将收下的中秋粿切成一块块，分给邻居、亲戚和朋友，叫作"分头年粿"。

有些地方有给外孙、外甥送礼的中秋节送礼习俗。在福建藤山，凡为外祖父母者，必以中秋饼，附以鲤鱼饼送给外孙。在江苏高邮，外婆要在中秋节这天送给外孙扎制的"宝塔"，直到外孙10岁为止。在福建福鼎，舅舅每年中秋节都要给外甥送中秋饼和柚子，有几个外甥就要送几份，直到外甥16岁为止。

还有其他馈赠礼节，如在福建福鼎，当年有父母或长辈过世的人家，过中秋节时不能蒸中秋粿，要由出嫁的女儿或亲戚给家中送来中秋粿和月饼，称为"送孝"。在江苏高邮，此日求婚者多带着雄鸡、鹅、藕、月饼去女家"追节"。这些都是一些很有风情的中秋节送礼习俗。

（二）国外中秋节馈赠礼物的习俗

中秋节不单单是华人的节日，也是日本、韩国的传统节日，这些国家也形成了很多中秋节送礼习俗。

在日本，中秋节被称为"十五夜"，日本人在这一天同样有赏月的习俗，在日语里称为"月见"。与中国人在中秋节的时候吃月饼不同，日本人在赏月的时候吃糯米团子，也叫月见团子。由于中秋节期间正值各种作物的收获季节，为了对自然的恩惠表示感谢，日本人会举行各种庆祝活动。日本人还把一种叫作芒草的植物插进花瓶里，这也是日本人过中秋节的传统，据说，芒草具有某种魔力，可以为人们带来好运。

中秋节在韩国被称为"秋夕"，是民间仅次于春节的盛大节日。这一天，很多人都有互相馈赠礼物的习俗。在韩国，最受欢迎的中秋节礼物是亲手制作的米糕，据说米糕里还含有诚心、爱心和孝心的含义，最能表达中秋节一家团圆的气氛。

第三节　班级岗位我能行

主题目标

1. 积极参与岗位竞聘，寻找自己喜欢的、适合自己的岗位，为班级服务。

2. 通过自评和互评，推选出各类岗位的能手，激发积极上岗的热情。

3. 通过评价与经验交流，积极向岗位能手学习，争做岗位能手，在班级岗位工作中能够更加自主、负责。

主题背景

从一年级下学期开始，我们就根据学生自己的意愿和班级的具体工作设置了班级小岗位，并做到了人人有岗。新的校园、新的班级、新的岗位，让学生的新鲜感着实维持了一段时间，这些看似微不足道的小岗位，他们做得有声有色，半点都不马虎：教室里窗明几净，秩序井然。但这毕竟是靠新鲜感来维持的，最终新鲜感会慢慢消退。果不其然，一个月之后，学生慢慢地对岗位工作漫不经心起来，各种不良现象便产生了：不按时到岗，提前离岗，马虎应付，甩手不做……面对这些现象，我们并不慌张，因为这是班级岗位建设的一个必经过程，只要引入合理的评价制度，学生就会逐渐适应并对自己的岗位担负起责任来。

学情分析

二年级的学生已经有了强烈的好奇心，对周围的新鲜事物都很感兴趣，喜欢关注身边的事，喜欢参与各种有趣的活动，常有"初生牛犊不怕虎"的探究、尝试热情。同时，他们对集体活动表现出极大的兴趣，集体荣誉感也比较强。然而，学生对于坚持完成一件事缺乏耐心，不会很好地解决学习和生活中出现的问题。充分激发学生的合作意识，使学生最大限度地投入活动，遇事学会动脑筋，让小队更快地成长起来，培养小队长的工作能力，对二年级的学生显得很重要。

活动安排

活动一：小岗位，我竞聘
活动二：小岗位，明职责
活动三：小岗位，大明星

活动一：小岗位，我竞聘

一、活动目标

1. 积极参与岗位竞聘，寻找自己喜欢的、适合自己的岗位，为班级服务。

2. 培养竞争意识及敢于展现自己的精神。
3. 懂得自己是班级的小主人，要为集体服务的道理。

二、活动准备

1. 教师制作课件，准备学生在自己的小岗位上忙碌的照片。
2. 学生制作岗位竞聘海报，准备竞选稿。

三、活动过程

（一）开放式导入

出示学生在自己的小岗位上忙碌的照片。

师：刚刚我们看到的，是同学们在自己的劳动岗位上忙碌的情形，同学们干得多好啊！因为大家的努力付出，才有了我们窗明几净的教室，才有了我们舒适的学习环境。在这里，我要采访几位同学，请他们谈谈自己的岗位感受。

学生谈感受：说说自己服务的岗位名称、职责和自己的收获。

总结收获：（1）学到了劳动技能；（2）为维护学校的环境卫生做出了自己的贡献；（3）强身健体。

【设计意图】烘托气氛，引入主题，激发学生的兴趣。

（二）新设岗位

师：现在同学们已经是二年级的学生了，人大了，能力也比以前强了。根据同学们的建议，前几节班队课上我们又增设了一些小岗位。

出示新设小岗位。

岗位名称	班级小门卫、窗台清理员、黑板美容师、讲台清理员、小"书虫"管理员、卫生角小主人、桌凳小管家、多媒体管理员、卫生部长、课务小帮手、课间安全员、护眼小医生、节能小卫士、走廊管理员、环保小卫士

（三）岗位竞聘

1. 岗位竞聘，学生展示自己制作的竞聘海报，做竞聘发言。

教师相机点评。（从竞聘原因、对岗位职责的理解、上岗后的打算等方面进行评价）

学生点评，贴小星星定岗。

2. 采访竞聘成功的学生，让其谈谈感想。

【设计意图】让学生初步尝试竞选演讲，提升学生的语言表达能力。

（四）开放式延伸

总结：今天的竞聘，由于岗位少，有些同学没有得到自己心仪的小岗位。这并不是说你不好，这次没选上也没关系，因为通过这次活动，很多同学都展示了自我，连以前很害羞的同学也敢在讲台上演讲了，这就是收获，这就是进步。小岗位是为大家服务的，这次当选的同学要好好做，没轮到的同学以后还有很多机会，希望以后好好把握！那么怎样把小岗位做好，要做到怎样的程度才能更好地服务于班级呢？我们下节课一起讨论。

【设计意图】和学生一起总结反思，激发学生参与后续活动的兴趣。

四、资料共享

岗位竞选海报模板

活动二：小岗位，明职责

一、活动目标

1. 培养集体荣誉感和责任心，在班级管理工作中体验成功、增强自信心。
2. 营造文明和谐、团结向上的班级风尚。

二、活动准备

教师制作课件，准备本学期设置的岗位名单和《小岗位工作职责表》。

三、活动过程

（一）回顾上学期班级岗位的实践成绩

师：上学期中，大部分同学都能认真完成岗位任务，每周五的大扫除也能自觉、主动地完成，每次评比我们的班级都取得了好成绩，这正是每一个同学共同努力的结果。下面请你们谈谈自己在岗位实践中的收获。

学生畅所欲言。

师：请上学期被评为"岗位明星"的同学做交流。

学生讲述自己被评为"岗位明星"的感受。

【设计意图】提升学生的集体荣誉感，增强学生的主人翁意识。

（二）明确本学期设置的岗位及岗位职责

教师公布本学期设置的岗位名单，强调要爱自己的岗位，遇到困难可以及时请求帮助，但要学会坚持，懂得方法。

学生谈谈对自己岗位职责的认识：（1）积极参加活动；（2）主动为小队服务；（3）履行职责，遵守活动纪律。

出示《小岗位工作职责表》，教师逐条讲解。

岗位名称	职责	负责人
班级小门卫	负责开门、关门，门的卫生和安全使用	
窗台清理员	保持窗台干净没有灰尘	
黑板美容师	每天及时擦拭，保持黑板的整洁	
讲台清理员	每天及时清理讲台，摆好粉笔盒、书本	
小"书虫"管理员	保持书柜整洁，整理清点图书	
卫生角小主人	负责洁具的摆放和垃圾桶的及时清理	
桌凳小管家	每天及时整理桌凳，监督同学保持桌椅整齐、干净，维护桌椅的正常使用	
多媒体管理员	负责多媒体、电视机的清洁维护，及时开和关	
卫生部长	保持地面干净，没有废纸，保持墙面干净整洁，教室墙面瓷片无污渍划痕	
课务小帮手	每节课下课提醒同学准备下节课用书	
课间安全员	监督同学课间安全活动，让同学不要磕碰到易碎玻璃，不要触碰液晶电视	
护眼小医生	督促同学正确做眼保健操	
节能小卫士	提醒大家节约用水用电，负责教室人走灯关电风扇关	
走廊管理员	每天及时擦拭室外瓷砖，保持地面整洁	
环保小卫士	负责公共区域的清洁和保洁，负责监督、维护本班花坛草地不被踩踏	

【设计意图】今天的校园就是明天的社会，终有一天孩子要长大，离开我们翅膀的庇护，所以作为班主任，我们不要做保姆，也不要做遮住阳光风雨的大树，应该多给学生一些机会，甚至创造一些机会，让他们独立自主地思考、讨论、判断、处理、总结。

活动三：小岗位，大明星

一、活动目标

1. 直观地了解"岗位明星"是如何尽职、智慧地做好岗位工作的。
2. 激发责任心，具备为同伴服务的意识。

二、活动准备

教师制作课件，准备"岗位明星"奖章。

三、活动过程

（一）开放式导入

出示班级岗位掠影以及上周"岗位明星"评选掠影。

学生观看，一起回忆班级的岗位活动。

【设计意图】唤起学生对岗位工作的美好回忆，以最佳状态进入课堂。

（二）了解"岗位明星"评选要求

师：同学们，上周我们评选出了十位"岗位明星"，你们还记得成为"岗位明星"要达到怎样的条件吗？

学生回忆"岗位明星"的评选条件，教师根据学生的回答板书：（1）岗位工作尽心尽责；（2）遇到困难有智慧地解决；（3）能与同伴互助合作。

【设计意图】通过回忆，再次明确"岗位明星"的评选条件。

（三）"岗位明星"候选人自我展示

师：今天会有哪些同学成为"岗位明星"呢？让我们拭目以待吧！

各岗位推荐"岗位明星"，候选人上台展示。

师：看到他们岗位工作完成得这么出色，你们有什么想问他们的吗？

在每个候选人展示完毕之后，与其他同学进行互动交流。

【设计意图】各"岗位明星"候选人通过岗位工作展示，让大家进一步了解他们的岗位工作。

（四）颁发"岗位明星"奖章

师：请上周被评为"岗位明星"的同学，为今天获得"岗位明星"的同学发奖。

颁发"岗位明星"奖章。

随机采访获奖学生。

获奖学生谈感想。

【设计意图】通过采访，让学生进一步了解这些获奖学生的真实想法，激励其他学生向他们学习。

（五）开放式延伸

师：被评为"岗位明星"的同学，从今天起，就将参与到新的服务岗位中去，这些新岗位完全是为班级服务的。同学们，你们能做好这些岗位工作吗？

被评为"岗位明星"的学生谈自己将选择哪种岗位，以及自己会怎样去做好新岗位工作。

随机采访其他没评为"岗位明星"的学生，了解他们有什么想法。

【设计意图】从本职岗位中脱颖而出的学生将奔赴新的岗位，他们的岗位意识也将从做好本职工作转向快乐地为他人服务。

第四节　课外阅读伴成长

主题目标

1. 明白书是知识的源泉，书会给我们带来无限的乐趣。
2. 掌握阅读的基本方法，充满读书热情。
3. 学会有选择地读书，读有价值、有意义的书。

主题背景

当前，传统阅读正面临着多方面的挑战，电视机、手机等电子产品占用了学生不少课外时间。阅读读物的选择也多种多样，除了纯文字读物、拼音读物、图文并茂的绘本故事外，还有大量的电子产品丰富着阅读，如点读机、iPad上的相关软件等。但多数是由无教育专业背景的IT人士制作而成的，采用游戏方式吸引学生的注意力，却忽略了学习的规律，不利于学生养成良好的阅读习惯。另外，不少学生没有很好的读书条件与环境，家庭藏书还不能普及，也没有养成到图书馆借阅图书的习惯。

《义务教育语文课程标准（2011年版）》指出，在第一学段要使学生通过"阅读浅近的童话、寓言、故事，向往美好的情境，关心自然和生命，对感兴趣的人物和事件有自己的感受和想法，并乐于与人交流"。自一年级下学期开展午间微课程以来，每周二的成语故事讲堂和每周四的童话剧表演成为学生最喜欢的校本课程。但参与的人相对集中在少数阅读能力较强的学生身上，这些学生能够主动阅读，并乐于与其他同学分享阅读成果，在学生中间起到榜样的作用。然而，很多学生对此心里向往却缺乏自信，借此班队课，可以调动全体学生的积极性，使他们乐于展示自己。

学情分析

进入二年级，学生掌握了汉语拼音和一些简单的汉字，有了一定的学习基础，开始自己读书、读报了，在阅读上呈现出以下几个特点。

1. 阅读热情高涨但是难以持续。学生有了课外阅读的兴趣和愿望，部分学生还有了自己喜爱的读物。但是，学生毕竟年龄小，阅读注意力容易分散，有意注意的保持时间较短，还缺乏毅力和恒心，需要教师积极引导。

2. 不懂得爱惜也不互相借阅。现在的学生大都是独生子女，生活条件优越，大多以自我为中心，有好书不愿和他人分享。好多学生看完书随手一丢，甚至在书上乱写乱画。

3. 阅读课外书时间有限。在对学生进行的家庭阅读问卷调查中发现，家庭阅读并未引起家长的普遍关注。80%的学生只是双休日进行课外书的阅读，说明大部分家庭没有养成每天阅读的习惯，阅读的时间也比较少。阅读时间为什么这么少呢？第一，72%的学生观看动画片或玩电子产品的时间比阅读课外书的时间长，说明有相当一部分学生更倾向于用观看动画片或玩电子产品来取代阅读课外书。第二，仍有学生不能独立阅读，依赖家长的陪伴，而有67%的家长不能做到每天都抽时间跟孩子一起阅读，就导致了家长有时间孩子才阅读的现象。问题的根源在于家长的阅读意识不强，阅读能力也有所缺失。

活动安排

活动一：绘本故事我会读
活动二：共读书目我分享
活动三：快乐书虫我来当

活动一：绘本故事我会读

一、活动目标
1. 对绘本阅读产生浓厚的兴趣，提高阅读的积极性。
2. 边读边掌握阅读的方法，获得独立阅读的能力和亲子阅读的体验。

二、活动准备
1. 教师制作课件，准备班得瑞的《春野》、恩雅的《可能》的音频。
2. 学生收集霸王龙的资料。

三、活动过程
（一）谈话交流，走进绘本
师：同学们以前一定看过很多绘本吧？你能来给大家介绍一下吗？
学生交流看过的绘本。
师：今天，老师给大家带来了一本有趣的书，大家想看一看吗？
出示绘本封面《我是霸王龙》。
师：我给大家介绍一位朋友，它就是霸王龙。你们了解霸王龙吗？
学生谈谈自己所了解的霸王龙。
教师补充：霸王龙是一种非常凶猛的肉食恐龙，性格比较狂暴。成年霸王龙的身体比两个教室还要长，比两层楼还要高，身体比两辆大货车还要重，走起路来像地震一样。它的嘴巴一张开，就会露出一口像刀子一样锋利的牙齿。
师：下面就让我们跟随绘本，走进今天的学习中。
学生齐读书名。

【设计意图】从学生的已知经验入手,为绘本导读打下基础。

(二)导读故事,学习阅读方法

1. 阅读封面。

师:相信很多同学都已经迫不及待了!读书时,我们首先要读封面,从封面上你看到了什么?

学生交流,教师归纳总结。

(1)作者:宫西达也。(教师介绍:有趣的故事和精美的图画都是由宫西达也创作出来的,他是日本著名的绘本作家)

(2)翻译者:杨文。

(3)图画:一只霸王龙和一只小翼龙。

(4)出版社:北京少年儿童出版社。

教师板书:关注图画、作者、国籍等。

2. 阅读扉页。

师:扉页上有一只霸王龙张开手瞪着眼睛在等着我们呢!看着扉页,大家想想故事会告诉我们什么。

生:一只霸王龙的故事。

教师板书:了解故事背景、主要内容。

【设计意图】引领学生阅读绘本时先从封面开始,因为故事往往从封面就开始了,还要注意扉页。

3. 阅读正文。

(1)教师配乐(班德瑞的《春野》)讲述小翼龙在爸爸妈妈的抚养下健康成长的段落。

教师引读:

① 爸爸的话——你要成为一只强壮的恐龙!

② 妈妈的话——你要成为一只善良的恐龙啊!

③ 生存的本领——只要你飞得高,就算遇到粗暴的可怕的霸王龙,也用不着害怕。

④ 为人的道理——不管谁遇到困难,你都要帮助他啊!

想一想:小翼龙的爸爸妈妈为什么要离开?没有了爸爸妈妈的陪伴,小翼龙会怎样?

【设计意图】乐曲《春野》为故事的讲述营造了一个温馨的氛围,教师引读爸爸、妈妈的话也是为阅读下段故事埋下伏笔。

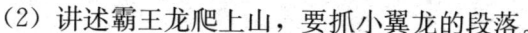

（2）讲述霸王龙爬上山，要抓小翼龙的段落。

猜一猜：这个时候，会发生什么事情？

（3）讲述霸王龙从山上摔下受伤的段落。

想一想：如果你是小翼龙，你怎么做？

（4）讲述小翼龙帮助受伤的霸王龙的段落。

想一想：如果你是霸王龙，你心里会想什么？但不要说，在心里告诉自己。

引导学生注意观察绘本图画中的细节：一只恐龙看到他们默默地走过去了，为什么？（他看见霸王龙跑还来不及呢，怎么会去救他呢？更衬托出小翼龙的善良）

（5）配乐（恩雅的《可能》）重点讲述最后两幅图。

说一说：同学们，看到这儿你有什么话要说吗？

（6）结合故事总结：要想读好一个绘本故事，在阅读绘本正文时，我们要学会了解三种语言：一是图画语言——由图画来表达；二是文字语言——由文字来传达；三是图文结合、对照、碰撞产生的新语言。

教师板书：图画语言、文字语言、图文结合。

【设计意图】按故事的发展顺序引导学生了解绘本的三种语言，让学生在教师的指导下，体验绘本阅读的过程，并真真正正地掌握绘本正文的阅读方法，在精彩的绘本阅读中爱上阅读、学会方法。

（三）开放式延伸，培养阅读意识

师：这节课，我们以《我是霸王龙》为例学习了阅读绘本的方法。让我们运用新的阅读方法再一次走进绘本，回家后先和爸爸妈妈一起阅读《我是霸王龙》，然后挑一本绘本进行亲子阅读。

【设计意图】在进行绘本阅读方法指导后，鼓励学生回家和父母一起阅读，开启亲子阅读的大门。

活动二：共读书目我分享

一、活动目标

1. 培养表达、倾听和与他人交往沟通等能力。

2. 感受阅读的快乐，养成多读好书的良好习惯。

二、活动准备

学生以小队为单位，准备相应的展示资料。

三、活动过程

（一）导入

师：你们读过哪些自己喜欢的书？上个月是我们学校的读书节，我们二年级的共读书目是《笨狼一家人》。我们班各个小队都开展了形式多样的读书活动，下面就请各小队来汇报并展示一下你们的读书成果吧！

（二）核心过程推进

1. 考官小队展示：同学们，前期读完《笨狼一家人》后，你对书中的人物和故事情节还记得吗？快来考考自己吧！下面我们会出 10 道选择题，请大家来抢答。注意：有的只有一个正确答案，有的可不止一个正确答案哦！好，开始吧——

考官小队出题，其他同学抢答。

2. 故事小队展示：生命诚可贵，读书价更高，若为好书故，万事皆可抛。当你有了这种读书精神，"书迷"的称号也就当之无愧属于你了。我们班的"书迷"为数不少，在读书的过程中发生了很多有趣的小故事，把这些故事写出来，就是一部好书。下面我们就以《读书故事》为书名一起来编一本自己的书。

出示被录取文章的要求：（1）故事情节完整；（2）语言流畅；（3）内容有一定的趣味性；（4）口头宣讲声音要响亮；（5）态度自然大方。

3. 彩笔小队展示：在读书节期间，我们班的同学根据自己的兴趣、爱好制作了一份份精美的手抄报。谁来介绍自己的手抄报？

指名学生介绍。

主持人评议。

贴在教室显眼处，全班共同分享、学习。

【设计意图】让学生感受到读书的快乐，激发读书的兴趣，从而提高读书量，扩大知识面。

（三）总结寄语

师：《笨狼一家人》班级读书会马上就结束了，我相信这本书对我们的影响是深远的。莎士比亚说过："书籍是全世界的营养品。生活里没有书籍，就好像没有阳光；智慧里没有书籍，就好像鸟儿没有翅膀。"是呀，生活中不能没有书，书是我们的良师益友。让我们热爱阅读吧！

活动三：快乐书虫我来当

一、活动目标

1. 养成主动阅读的习惯，进一步体验课外阅读的乐趣和兴趣。
2. 提高口头表达能力、与人合作的能力。
3. 鼓励家长积极参与亲子共读活动，增进亲子关系。

二、活动准备

1. 教师制作课件，收集学生读过的图书的封面图片。
2. 学生以小队为单位，准备相应的展示资料。

三、活动过程

（一）开放式导入

出示学生读过的图书的封面图片。

师：请大家看，这些书是我们班的一些同学读过的，那这些书你读过吗？读过的请举手。

学生看图片，说书名。

师：你还读过什么书？在哪里读的？

生：在家里读的，在学校自习课上读的……

四个小队亮相。

师：哪一小队先来跟大家分享你们的读书乐趣？

【设计意图】展示学生读过的图书的封面图片，激发学生的荣耀感。课始让小队先亮个相，做好思想准备，便于引起共鸣。

（二）核心过程推进

1. 美文朗诵小队展示。

小队成员进行美文朗诵，其他同学评价。

师：你们为什么喜欢朗诵这些诗歌和小古文呀？

学生畅所欲言，各抒己见。

【设计意图】学生的评价会带来良好的反馈，台上朗诵者声情并茂的朗诵也会激发台下学生的表现欲。

2. 绘声绘色讲故事小队展示。

小队成员先提问题，然后绘声绘色讲故事。

师：你们为什么喜欢讲故事呢？你们读故事时有没有遇到什么困难？你们是怎么解决的？

学生交流遇到的困难。

采访家长：×××（学生名）现在能把故事讲得这么生动，您在家是不是也经常指导他呢？

【设计意图】带着问题听故事，能吸引学生的注意力；交流自己喜欢讲故事的原因和在读中遇到的困难，能引起学生的共鸣，激发学生的阅读兴趣；鼓励家长积极参与亲子共读活动，能使亲子共读的氛围变得更加浓厚。

3. 栩栩如生画故事小队展示。

小队成员介绍自己创作的连环画作品。

师：说说在创作绘本故事时你们遇到的困难，又是怎么解决的。

学生交流遇到的困难。

师：你们在绘画过程中并不是一帆风顺的，你们下次还画吗？为什么？说说你喜欢画画的理由。

学生畅所欲言。

【设计意图】说自己喜欢画故事的理由和画故事时遇到的困难，能引发其他同学的共鸣，激励他们遇到困难时不退缩，能主动克服困难，增加成就感。

4. 活灵活现演故事小队展示。

小队成员表演童话剧《丑小鸭》。

师：演一个童话剧这么费功夫，你们为什么还喜欢演呢？

学生自由交流。

采访家长：观看了孩子们的演出，您有什么想说的？

【设计意图】让学生知道要想在台上有精彩的表现，不仅需要刻苦练习，还要懂得与同伴配合。

（三）总结延伸

师：下节课我们就来评一评哪些家庭是书香家庭。

第四章 三年级活动课程实施方案

第一节　浓浓九月情

主题目标

1. 初步感悟重阳节的文化内涵。
2. 了解当今社会和本地区尊老敬老的实际情况，提高自身的语言表达、信息运用、资料统计等能力。
3. 培养尊老敬老的传统美德。

主题背景

农历九月初九是我们中华民族的又一个传统佳节——重阳节。1989年，我国把每年的农历九月初九定为老人节，于是重阳节这个传统的节日被赋予了新的含义，成为尊老、敬老、爱老、助老的节日。本活动旨在让学生通过活动，感受中华民族优秀文化的内涵，传承尊老敬老的传统美德。结合学校庆祝重阳节的活动，为退休教师庆祝节日，为高龄老人祝寿，和退休教师一起制作重阳糕，让老教师们重温与学生在一起学习、一起生活的愉悦时光。

学情分析

三年级的学生正处于由儿童期向少年期过渡的时期，个性发展的转变使他们开始有了自己的主张。他们对社会上的一些现象开始有自己的想法，也会受一些行为的影响。很多如"啃老族""空巢老人"等新名词冲击着学生的头脑，而且现在很多学生在家中也都是"小公主""小皇帝"，如何正确引领学生尊老爱老，就成为学校德育的重中之重。

活动安排

活动一：重阳活动我策划

活动二：重阳知识我知道

活动三：我与老人同行

活动一：重阳活动我策划

一、活动目标

1. 自主选择研究内容，在活动中提升收集、筛选材料的能力。
2. 在小队合作中明确研究的步骤，形成研究成果。

二、活动准备

教师制作课件，准备《小队任务设想表》。

三、活动过程

（一）开放式导入

1. 歌谣导入：同学们，今天老师给大家带来了一首非常有趣的歌谣，谁能来读一读？

出示重阳节歌谣。

菊花黄，黄种强；

菊花香，黄种康；

九月九，饮菊酒，

人共菊花醉重阳。

指名读，让学生简单说说歌谣的意思。

2. 谈话交流：你对重阳节有什么了解？

生：九月初九、吃重阳糕、赏菊、登高、喝菊花酒、插茱萸……

【设计意图】以有趣的童谣激发学生参与活动的兴趣，让研究活动成为学生的内需。

（二）核心过程推进

1. 你想了解重阳节的什么知识？

学生讨论。

对重阳知识进行综合并归类：（1）重阳节的来历；（2）重阳节的习俗；（3）重阳节的传说；（4）重阳节的诗歌；（5）重阳节的美食。

各小队选择自己想研究的一项。

【设计意图】研究的问题来源于学生的需要，体现了以学生为教育主体的理念，让学生研究自己感兴趣的事，才能发挥出学生的能动性。

2. 小队内先对任务进行细化，明确各项任务。

以重阳节的习俗为例，可将其细化为有哪些习俗、习俗的来源、习俗的变化等。

3. 小队长组织队员进行任务分工。

分工原则：(1) 就近组队；(2) 个人喜好和能力；(3) 资源互补。

4. 队员交流活动的设想，并以表格形式完成自己的设想。

小队名称		研究内容	
小队成员	具体内容	研究方式	展示方式
活动经验交流：			

【设计意图】通过小队分工、任务分配，培养小队成员互助合作的能力，让学生在合作中品尝活动的快乐，共享成功的喜悦。

5. 小队汇报。

活动二：重阳知识我知道

一、活动目标

1. 展示小队研究的成果，实现小队间资源的共享。
2. 积累小队汇报方法，在互动中分享小队合作的成功经验。

二、活动准备

1. 教师制作课件，准备重阳节关爱老人的宣传片。
2. 学生以小队为单位，准备相应的展示资料。

三、活动过程

（一）导入

师：你知道哪些中国的传统节日？再过十天就是农历九月初九重阳节了，同学们前天回家分工收集了资料，这节班队课我们就一起分享你知道

的重阳节知识。

【设计意图】由前期的活动导入，活动目标明确。

（二）过程推进，小队交流

1. 来历队汇报。

生：大家好，我们给大家讲讲重阳节的来历。在古老的《易经》这本书中，把"六"定为阴数，把"九"定为阳数。九月九，有两个"九"，古人把这一天叫作"重九"。"九"又是"阳"，所以也把这一天叫"重阳"。在晋代陶渊明的诗中就写到了重阳这一天有饮酒、赏菊的做法。到了唐代，重阳被正式定为民间的节日。明代的时候，皇宫上下都要一起吃花糕来庆贺重阳节，皇帝还要亲自到万岁山登高呢。

2. 传说队汇报。

生：来历队给大家讲了重阳节的来历，我们就给大家讲一个关于重阳节的传说吧。

传说东汉时，汝南县有一个叫桓景的人，他所住的地方突然发生了大瘟疫，桓景的父母因此病死了，所以他到东南山拜师学艺。仙人费长房给了桓景一把降妖青龙剑，让他练习降妖的法术。桓景早起晚睡，勤学苦练。一日，费长房对桓景说："九月初九，瘟魔又要来了，你可以回去为民除害。"说完还给了桓景一包茱萸叶子，一瓶菊花酒，让他家乡的父老登高避祸。于是桓景便回到家乡，九月初九那天，他领着妻子儿女、乡亲父老登上了附近的一座山，把茱萸叶分给大家随身带上，让瘟魔不敢近身，又把菊花酒倒出来，每人喝一口，避免染上瘟疫。桓景和瘟魔搏斗，最后杀死了瘟魔。汝河两岸的百姓把九月初九登高避祸、桓景剑刺瘟魔的故事一直流传下来。

3. 习俗队汇报。

生：刚刚传说队生动地给大家讲了重阳节的一个传说，其中提到了重阳节的登高风俗。那除了登高，重阳节还有哪些风俗呢？重阳节有吃重阳糕、赏菊花、喝菊花酒、插茱萸的风俗。因为重阳节这一天要登高，所以也叫登高节。据说登高不仅可以避魔、避害、避灾，还可以步步高升呢。

4. 诗歌队汇报。

生：我们以前学过有关重阳节的古诗，谁能背给大家听一听？

学生背诵《九月九日忆山东兄弟》《九月十日即事》。

生：我们队还收集了几首古诗词，我们来带着大家读一读。

九月九日玄武山旅眺

（唐）卢照邻

九月九日眺山川，归心归望积风烟。

他乡共酌金花酒，万里同悲鸿雁天。

蜀中九日

（唐）王勃

九月九日望乡台，他席他乡送客杯。

人情已厌南中苦，鸿雁那从北地来。

采桑子·重阳

毛泽东

人生易老天难老，岁岁重阳，今又重阳，战地黄花分外香。

一年一度秋风劲，不似春光，胜似春光，寥廓江天万里霜。

生：同学们学得真认真。下面我们来开展背诵大赛，你最喜欢哪一首，现在把它背下来。每队抽一人来比赛，背得正确、流利的小队得一颗星。

5. 美食队汇报。

生：重阳糕的种类可多啦。瞧（出示几张重阳糕的图片），各式各样，也很美味呢。

生：重阳节正是金秋时节，菊花傲霜怒放，千姿百态，所以在重阳节这一天赏菊也是一项重要活动。菊花酿的酒，喝了有利于身体健康，所以也叫长寿酒，它是消灾祈福的"吉祥酒"。

生：茱萸，同学们知道是什么吗？茱萸是一种植物，它开黄色小花，果实红彤彤的，像一个个小灯笼。茱萸果的味道是酸酸的，可以入药，有消毒驱寒的作用。人们在这一天插茱萸是吉祥的象征。

生：我们小队介绍完了。现在到了提问环节，知道答案的同学请先举手，再抢答。

学生互动。

生：感谢同学们的热情参与，谢谢大家！

【设计意图】各小队在汇报过程中展示前期的合作成果，再利用适当的互动帮助他们解决合作中出现的问题，学习一些促使合作成功的经验，让学生在获取知识的同时也得以成长。

（三）引出关爱老人的话题

师：我们知道了重阳节的文化知识。那么从古到今，重阳节的习俗有

没有什么变化呢？大家请看——

播放重阳节关爱老人的宣传片。

活动三：我与老人同行

一、活动目标

1. 积累更多的感动体验，善待身边的老人。

2. 将在上次汇报中学习到的汇报经验运用到这次汇报中，努力提升自我展示的能力。

3. 知道尊老爱老的重要性，了解家中老人的心声，体会亲情的温暖，传承尊老爱老的传统美德。

二、活动准备

1. 教师制作课件，准备歌曲《常回家看看》的音频、公益广告《洗脚丫》的视频。

2. 学生以小队为单位，准备相应的展示资料。

三、活动过程

（一）开放式导入

播放歌曲《常回家看看》。

学生交流如何为家中的老人献爱心。

出示爱老敬老的做法。

【设计意图】明确爱老敬老的做法，并引导学生用自己的独特方式呈现出来。

（二）核心过程推进

1. 第一小队汇报。

小队成员吟诵《弟子规（入则孝篇)》，讲古代名人爱老敬老的故事。

2. 第二小队汇报。

播放爱老敬老的相关视频，与全班同学一起谈感受。

3. 第三小队汇报。

小队成员朗诵诗歌《孩子，你听……》。

交流：听了老人们的心声，你有什么想说的？

4. 第四小队汇报。

小队成员表演小品，展现爱老敬老的反面案例。

学生评判小品中的人物，树立正确的爱老敬老观。

演一演爱老敬老的角色。

【设计意图】通过合作、表演、评价，在角色转换、师生互动、生生互动的过程中，进一步培养学生爱老敬老的良好美德。

（三）整合资源，后续延伸

组织学生交流："老吾老以及人之老"这句话的含义。

观看公益广告《洗脚丫》视频。

学生说一说、写一写呼吁社会爱老敬老的标语、宣传语。

【设计意图】初步了解爱老敬老的标语、宣传语，通过说一说、写一写来培养学生爱老敬老的品德。

第二节　我来学当家

主题目标

1. 以小主人的姿态参与到家庭生活中去，培养自理能力。
2. 增强责任感，提升班级凝聚力、小队成员的沟通协作能力及小队长的组织能力。
3. 掌握各类家务的做法，深入体会父母的辛劳，能主动做力所能及的家务。

主题背景

学生的能力、个性和精神世界的发展，对三年级的班级岗位建设提出了新的要求。如何开发新的适应学生成长的岗位，是三年级班级建设的一项重要内容。三年级学生在家庭和校园中的地位开始发生变化，学生的独立意识增强，开始与父母、教师疏离，所以促进学生与父母的关系发展也是重要的任务之一。

为引导学生立足岗位、提高独立自主能力，特开展本系列活动。教师通过对家庭生活的干预，改变学生在家庭生活中单纯被照顾的地位，鼓励学生成为一个独立的家庭角色。教师请家长帮助孩子学着去承担一定的家务事，学着安排自己在家的学习和娱乐时间，这样，学生的自我管理能力会有很大的提高，从而真正实现个体的独立，同时能增强学生的自理能力，让学生体验到父母的辛劳。

学情分析

升入三年级，学生的学业难度在增强，负担在增大。学会聪明地解决问题，提高学习效率，并逐渐培养自信，无疑是这个阶段学生最为重要的任务。在实际生活中，由于家长的宠爱，很多学生娇生惯养，虽有参与家庭小岗位的欲望，但其家庭生活自理能力还是比较缺乏的。学生普遍希望能够自己安排生活，而不是凡事听父母的安排，渴望与父母建立一种平等关系，希望被人理解。

伴随着学生的成长，一些比较简单、机械的岗位（如卫生岗位），虽在班级日常工作中不可缺少，但缺乏挑战性，渐渐对学生失去了吸引力。所以，从三年级开始，学生对岗位工作产生了倦怠。这是成长过程中的正常表现，在一定程度上也反映了学生成长的需要。此时适时拓展岗位空间，增强岗位的挑战性，有助于提升学生岗位工作的效率。

活动安排

活动一：我有一个家庭小岗位——家庭岗位设置

活动二：家庭岗位聪明做——家庭岗位展示

活动三：家庭岗位小能手——家庭岗位评价

活动一：我有一个家庭小岗位——家庭岗位设置

一、活动目标

1. 初步感受作为家庭中一员应承担的责任，逐步认识到在家庭中应有自己的小岗位。

2. 熟悉身边的各种家务，能主动做力所能及的事。

3. 愿与同伴交流、分享做家务时的感受。

二、活动准备

教师制作课件，准备学生做家务的视频。

三、活动过程

（一）谈话式导入

师：同学们，你们爱自己的家吗？作为家庭里的一员，你为你的家和你的家人做过哪些事情？有一位同学在家里做了这些事情，我们一起来看一看吧。

出示学生做家务的视频。

师：谁来说一说你在家里做过哪些事情？

学生交流自己在家中做过的家务，将其罗列在黑板上。

【设计意图】通过学生做家务的视频唤醒学生的亲身经历。

（二）核心过程推进

师：同学们在家里做过这么多家务，真不错！那我们能不能给这些家务分分类呢？例如，在家里照顾植物的同学的岗位就是园丁岗，依此类推，能不能给黑板上的其他家务分一分岗位呢？

根据学生的回答，相机分为以下几个岗位：（1）园丁岗，如浇花、照料盆栽等；（2）卫生岗，如扫地、拖地、擦书柜等；（3）文化岗，如阅读书籍、交流感悟等；（4）美食岗，如烧饭、煮菜等。

师：同学们真棒，把黑板上这么多家务分成了几个小岗位，下面请同学们选出自己最喜欢的岗位并加入那个小队吧！

学生阐述自己感兴趣的岗位，加入小队。

按所分小队讨论如何在家实践操作。

评选出班级内的岗位小能手。

【设计意图】互动讨论，明确家庭岗位，提高小队成员间的合作能力，加强学生内在的情感沟通。通过班级岗位小能手的评选，明确岗位小能手的要求，为家庭岗位评价做准备。

（三）开放式延伸

教师总结：这堂课我们明确了家庭中包括哪些小岗位，希望同学们做家庭岗位工作也能像做班级岗位工作一样主动、认真、负责。别忘了，在工作过程中你可以通过拍照片和写日记等方式来记录，然后根据你们的实践进一步改进家庭岗位的职责要求。

【设计意图】升华总结，为后续的有效评价做准备。

活动二：家庭岗位聪明做——家庭岗位展示

一、活动目标

1. 以小队汇报形式交流岗位工作设想，为更好地开展家庭岗位工作做准备。

2. 提升团结协作能力，培养遇到问题主动寻找解决方法的习惯，提升与他人交往的能力。

二、活动准备

1. 教师制作课件。
2. 学生以小队为单位，准备相应的展示资料。

三、活动过程

（一）开放式导入

师：同学们，在上一节课的活动中我们按各自的岗位兴趣进行了分组，同学们在家里都行动起来了，这节课就让我们看一看同学们在家庭岗位中是如何做的吧。

揭示活动主题：家庭岗位聪明做。

回顾本次活动的准备工作。

【设计意图】回顾准备历程，让学生更能体会合作过程中的艰辛和快乐。

（二）核心过程推进

1. 美食岗展示。

集体亮相：我们是小小吃货，选择美食岗，我无悔！

小队长介绍本队展示策划案：每个队员申报自己要做的菜的菜名，在家动手练习，再为做菜过程准备好文字说明，由×××的爸爸帮忙制作视频，并选择其中最好的进行全班展示。

生：各位同学对我们队的展示还有什么好建议吗？

2. 园丁岗展示。

集体亮相：我们是辛勤小园丁，美化环境我最行！

小队长介绍本队展示策划案：分工查阅常见绿植养护小妙方，周四前小队内交流，将重复的删掉，再由小队长确定展示代表。

生：各位同学对我们队的展示还有什么好建议吗？

3. 卫生岗展示。

集体亮相：爱劳动，爱清洁。卫生大师，我来啦！

小队长介绍本队展示策划案：我们小队有文艺特长生×××，我们打算表演一个跟卫生岗有关的歌舞。歌词由我们自己创编。

 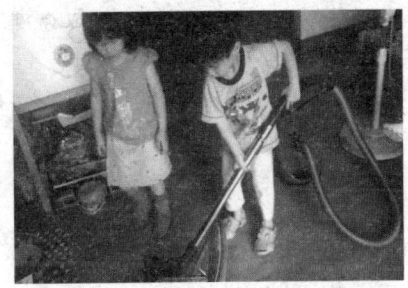

生：各位同学对我们队的展示还有什么好建议吗？

4. 文化岗展示。

集体亮相：书香伴我行，我们是文化小天使。

小队长介绍本队展示策划案：为家长读一篇美文，配上音乐；让家里的每一面墙壁都会说话。

生：各位同学对我们队的展示还有什么好建议吗？

【设计意图】小队汇报，互动讨论，商讨策划、设想，提高学生的合作能力，加强学生内在的情感沟通，引导学生在岗位中锻炼、提高。

（三）开放式延伸

师：今天课上我们对小队分工有了更明确的认识，其他同学也为我们每一队的展示提供了改进建议，请各队小队长团结所有队员进一步细化分工，让家庭岗位聪明做！

【设计意图】升华总结，梳理"聪明"的内涵，为后续的有效评价做准备。

活动三：家庭岗位小能手——家庭岗位评价

一、活动目标

1. 分享岗位工作经验、心得，提升团结协作能力，培养遇到问题主动寻找解决方法的习惯。

2. 加强与父母情感上的联系，发自内心地体会父母的辛劳。

二、活动准备

1. 教师制作课件，准备班级岗位负责人工作的照片。

2. 学生以小队为单位，准备相应的展示资料。

三、活动过程

（一）开放式导入

师：同学们，在上一节课的活动中我们对家庭岗位进行了分工，每个小队都有自己的主题项目，这节课就让我们评价一下家庭岗位的成果。

揭示活动主题：家庭岗位小能手。

班级岗位负责人风采展示（工作照片）。

【设计意图】通过照片回顾准备历程，让学生体会合作过程中的艰辛和快乐。

（二）核心过程推进

1. 美食岗展示。

出示队员在家制作美食的照片和视频。

互动：从视频中，你知道做这道菜时要注意什么？

总结：只有用心，才能做出好吃的菜。

菜谱分享。

互动：你还想了解哪道菜的做法？

教师介入：老师想采访美食岗的队员们，当你学会做一道菜时，你的心情如何？请其他小队的同学也想象一下，当你把美食端给爸爸妈妈品尝时，他们的心情如何？

2. 园丁岗展示。

分享绿化常识、种植学问，讲述自己遇到问题时是如何解决的。

互动：问答一些有关植物的问题。

教师介入：在他们小队介绍的植物里，有许多我们学校里也有，你观察到了吗？它们为什么会在学校里出现？

3. 卫生岗展示。

表演歌舞《洗刷刷》。

分享家庭岗位工作日记。

互动：从我们的日记中，大家能发现我们是如何把岗位工作更好地完成的吗？大家还有什么补充的？

教师介入：不仅洗碗和拖地，其他的小岗位如叠被子、洗衣服都要注意，要根据不同的情况选择更好的方法。在生活中，我们可以向爸爸妈妈寻求更好的解决问题的方法，他们就是我们的老师。

4. 文化岗展示。

现场播报：读故事、新闻给爸爸妈妈听。

展示并简单介绍用于装饰家庭的小制作，分享美化环境的做法。

教全班学生做千纸鹤。

教师介入：根据父母的爱好、兴趣选择合适的内容。

【设计意图】小队展示，互动讨论，分享岗位工作经验、心得，提高学生的合作能力，加强学生内在的情感沟通，引导学生在岗位中锻炼、提高。

（三）开放式延伸

教师总结：我们在体验家庭岗位工作时，遇到了各式各样的问题，大家没有轻言放弃，而是虚心请教，合理使用工具，反复练习，直到熟能生巧。这就是聪明地做岗位工作。这些岗位工作凝聚着我们的责任感和亲情，也让我们体会到了父母的辛苦。

布置后续活动：我们先自评，然后爸爸妈妈会参与进来给我们打分，评选出家庭岗位小能手，大家可要努力啊！

【设计意图】升华总结，进一步梳理"聪明"的内涵。

第三节　幸福十岁礼

主题目标

1. 围绕十岁这一成长节点，通过回顾、策划、体验等活动，感受成长的快乐，丰富成长体验，拥有感恩之心，展望未来，确立下一阶段的成长目标。

2. 通过小队策划方案的交流、评价，彼此取长补短，引领后续活动，并在活动的过程中积极参与、学会合作。

3. 完善班委建设，提升班委的整体能力，提升班级的凝聚力。

主题背景

十岁是一个新的成长起点，是一个值得纪念的时刻。不论是教师还是家长都反映，这个年龄阶段的孩子完全适应了小学的生活，但是由于学习任务在不断加重，还要参与班级、学校的各项活动，所以开始缺少成长的动力。在"十岁"这样一个有意义的年龄组织这样的活动，是非常有价值的。本系列活动旨在让学生懂得感恩、懂得珍惜、懂得责任、懂得成长。

学情分析

三年级学生具有对任何事情都充满好奇的年龄特点。他们非常愿意参与各项活动，但参与的方式和获得的结果各不相同。有的学生能积极参与活动，并在活动中积极动脑，通过努力获得较大的收获，于是积极性越来越高；有的学生虽然积极性很高，但组织、策划能力较弱，总是依赖教师和家长的帮助，出现"包办代替"的现象，表面上这些学生很有收获，但长期这样，他们就会丧失独立性，事事依赖他人；有的学生能积极参与，但由于没有掌握方法，遇到困难又不会与他人商讨，找不到解决问题的方法，所以常常表现为虎头蛇尾，而一再的失败又会让他们对活动渐渐失去信心；有的学生则对活动没有兴趣，积极性不高。

大多数三年级学生都渴望拥有自我展示的舞台，希望自己能在活动中承担更重要的有挑战性的工作，但是有一大部分学生做事的持久性很差，做很多事情只是一时的热情，况且新班委和各个工作部门成立的时间还较短，他们的工作能力、合作意识亟待提高。

活动安排

活动一：集体生日活动策划
活动二：集体生日活动汇报
活动三："我在成长"活动策划
活动四："我十岁了"之成长有约

活动一：集体生日活动策划

一、活动目标

1. 能以小队为单位进行活动策划，提升策划能力。
2. 通过小队策划方案的交流、评价，彼此取长补短，引领后续活动，并在活动的过程中积极参与、学会合作。

二、活动准备

教师制作课件，准备学生成长过程的照片。

三、活动过程

（一）情境导入，勾起美好回忆

出示学生成长过程的照片：猜猜他（她）是谁？

交流：说说你是怎么猜出来的。（聚焦到每个学生的身体特征或特长之类比较特殊的地方）

师：同学们，欣赏着我们从婴儿期到幼年期，一直到现在的成长照片，相信你的脑海里一定涌现出了很多美好的回忆。下面，大家就敞开心扉一起来说说自己的成长趣事吧。

指名讲故事，可以是自己经历过的趣事或听大人讲的趣事。

【设计意图】通过照片的展示，勾起学生童年的美好回忆。

（二）小队合作，策划集体生日

过渡：一转眼，我们已经十岁了。如何在这个具有纪念意义的年龄中，留下一段美好的回忆呢？我们今天就来好好策划一番。

师：同学们，在过去的十年里，你一定参加过生日宴会，现在来交流一下自己难忘的生日宴会场景。

指名交流，主要聚焦生日宴会的形式和内容两方面。

师：那我们的十岁集体生日该怎么过，让你们日后谈论起来也能印象深刻呢？下面，我们就小队合作，思考：怎样的集体生日更有意义？商讨时请及时将有用信息填入表格中。

时间	参加人员	地点	形式	准备工作	备注

集体交流，进行合适的筛选，生生、师生及时互动，提出一些更好的建议，形成活动的初步流程：（1）教师读班内一位家长给孩子的一封信；（2）文艺会演（开场舞、课本剧、讲述亲子难忘的故事、合唱《感恩的心》）；（3）齐唱生日歌，吃生日蛋糕。

组际合作，确定各自的分工。

【设计意图】通过小队讨论和组际交流，确定活动流程，使学生明确各自的分工。

（三）教师总结

师：十岁，意味着人生即将迈入一个全新的阶段。为了让同学们度过一个难忘而有意义的十岁生日，我们将举行隆重的集体生日，希望同学们用心准备。

活动二：集体生日活动汇报

一、活动目标

围绕十岁的成长节点，通过集体生日活动，感受成长的快乐，丰富成长体验，拥有感恩之心，展望未来，确立下一阶段的成长目标。

二、活动准备

1. 教师带领学生布置教室，准备家长给孩子的一封信、生日蛋糕。
2. 学生排练节目。

三、活动过程

（一）情境导入

师：亲爱的同学们，一转眼，你们已经从一个呱呱坠地的婴儿长成了翩翩少年或婷婷少女。你们的父母，一路为你们笑、为你们哭，在今天这个特殊的日子，他们有太多太多的话想对你们说。请听——

教师深情朗读班内一位家长给孩子的一封信。

揭示主题：集体生日活动汇报。

师：今天，你们的父母来到了现场为大家庆祝生日。我们也将用自己的方式，在这一特殊的日子表达我们对父母的深情和感谢。

【设计意图】以一封信为引子，揭示活动的开始。

（二）集体生日

跳开场舞《水姑娘》。

表演课本剧《送给妈妈的礼物》。

学生讲述成长故事，分享喜怒哀乐，分别从不同的方面进行讲述。

家长上台和孩子互动。

全体合唱《感恩的心》，集体宣誓。

齐唱生日歌，共享生日蛋糕。

【设计意图】通过节目汇报展示学生多方面的才艺，通过学生与家长的互动使学生珍爱生命、心怀感恩、懂得回报。

（三）教师总结

师：我们的成长牵动着父母的心，我们的点滴进步牵动着老师的心。十岁生日是一个非常特别的日子，让我们一起说："感谢您，亲爱的妈妈，是您给予我生命，哺育我成长；感谢您，亲爱的爸爸，是您扶我学走路，教我学说话。祝愿亲爱的爸爸妈妈健康、快乐！祝愿亲爱的老师健康、快乐！"

布置后续活动：每个学生给自己的爸爸妈妈回一封信。

四、资料共享

以下是学生的十岁宣誓词。

我们要学会自立，学会自强。

不能再依恋母亲的怀抱、父亲的臂膀！

扎实学好真本领，准备展翅翱翔！

我们要学会感恩，学会担当。

为了老师的期望，

为了父母的厚望，

为了祖国的希望，

更为了我们自己的梦想，

准备着！时刻准备着！

活动三："我在成长"活动策划

一、活动目标

在前期活动的基础上，小队对后续活动进行策划，明确班委建设的努力方向，提升班级的凝聚力。

二、活动准备

教师准备学生给家长的一封信。

三、活动过程

（一）情境导入

师：同学们，前段时间大家在过十岁集体生日的时候，每个人都收到了来自父母的情深意切的信。大家也都给自己的父母回了一封信。老师选取了一封比较典型的信，读给大家听一听。

教师宣读班内一位学生给自己妈妈的一封信。

组织学生谈自己的感受，聚焦到感恩、成长等关键词上。

师：十岁的我们，过了集体生日，这只是年龄的增长，老师认为，这还不算是真正长大。那到底怎样才算真正长大呢？

学生交流，引出主题：我在成长。

【设计意图】由学生给妈妈的信引发学生的感想，进而引出主题。

（二）合作策划

师：接下来，我们就各显神通，用自己独特的形式来让大家感受你的成长。

1. 自由组队。

根据平时的学习情况、兴趣爱好，迅速成立不同主题的活动部门。

2. 讨论。

讨论体现自己成长的内容及汇报形式，进行合理分工。

具体讨论内容如下表所示。

活动部门	汇报内容	汇报形式	具体分工
学习部	学习妙招我交流	经验交流；讲名人故事；发现会学习的同学	每人准备自己经验交流的内容，2人讲名人故事，3人发现会学习的同学
活动部	活动策划我能行	课件交流；案例呈现	2人制作课件，2人提供素材，1人主汇报，3人完成"班级元旦游园会"案例
艺术部	我是小小艺术家	课件交流；讲故事	2人制作课件，2人提供素材，1人主汇报
纪律部	自我管理我最行	课件交流；讲名人故事；计划交流	每人制作自我管理计划，2人制作课件，2人提供素材，1人讲故事，1人主汇报
运动部	体育达标我能行	经验交流；现场展示	每人进行一项体育运动的经验交流，准备现场仰卧起坐
生活部	家庭责任我分担	照片解说；现场展示	每人准备在家做家务的照片，配上文字解说

3. 全班交流。

集体交流策划方案，生生、师生互动，提出合理建议，关注班委策划、组织、协调能力的提升，帮助他们做出最合适的选择，形成最佳决策。

4. 部门修改策划方案，确定最终的汇报内容及形式。

【设计意图】通过师生讨论，形成不同的活动部门并进行方案的策划和交流。

（三）教师总结

师：希望每个部门都能合理地分工，精心地准备，期待我们下次的活动更精彩。

活动四："我十岁了"之成长有约

一、活动目标

1. 感受自己的成长，珍惜、感恩身边的人、事、物。
2. 学会欣赏他人，能听取别人合理的建议和意见，享受合作的快乐。
3. 提升班委的策划、组织、实施等综合能力。

二、活动准备

1. 教师制作课件，准备学生活动的照片。
2. 学生以部门为单位，准备相应的展示资料。

三、活动过程

（一）多媒体导入

师：前期我们开展了集体生日策划活动，还过了个有意义的集体生日。是的，我们十岁了，我们都觉得自己在慢慢长大。

出示学生活动的照片。

学生述说自己的感受，聚焦到感恩、成长、反思等方面。

【设计意图】通过回顾前期活动，营造良好的氛围，激发学生参与活动的兴趣。

（二）各个部门汇报成长收获

教师组织各个部门进行汇报，并组织好生生互动。

六个活动部门逐一汇报，与大家一起分享各个方面的成长。

1. 学习部：学习妙招我交流。

介绍自己的学习方法。

介绍名人的学习、读书方法，讲故事《凿壁偷光》《鲁迅刻"早"》。

找学习好的学生给大家介绍他的学习经验。

2. 活动部：活动策划我能行。

交流：活动方案一般分为哪些部分？（活动主题、目的、内容、人员分工、步骤、时间安排、成果展示形式）

出示策划的"班级元旦游乐会"活动方案。

3. 艺术部：我是小小艺术家。

讲述自己学才艺时印象深刻的事。

与学生初步交流"班级元旦游乐会"中才艺展示的所有内容。

4. 纪律部：自我管理我最行。

讲故事《许衡不食梨》。

交流制订的自我管理计划，以及它是如何实施的。

5. 运动部：体育达标我能行。

交流平时每天做哪些运动，有什么收获。

针对体质抽测项目，交流在家、在校是如何练习的。

现场展示仰卧起坐。

6. 生活部：家庭责任我分担。

出示在家做家务的一些照片，进行现场解说。

交流：为何在家要做生活小能手？

现场敲背演示。

【设计意图】在互动交流中，提高学生表达自己愿望的能力，培养学生取舍他人意见不断完善自己想法的能力，从而进一步提升学生的策划能力、表达能力，培养学生的合作意识。

（三）总结提升

教师总结：现在我们已经十岁了，已经长大了，希望同学们能珍惜现在的美好生活，懂得感恩他人，享受生活的快乐。

学生谈收获，谈及今后自己努力的方向。

【设计意图】最有说服力的是学生自己的成功经验，在此时谈收获是最合适不过的了。

四、资料共享

（一）《凿壁偷光》

汉朝时，有一个名叫匡衡的人非常勤奋好学。他家里很穷，白天要干活，晚上才能读书，但他又买不起蜡烛，天一黑，就无法看书了。而他的邻居家一到晚上就点起蜡烛，把屋子照得通亮。他对邻居说："我晚上想读书，可买不起蜡烛，能借用你们家的方寸之地来看书吗？"邻居瞧不起比他们家穷的人，就说："穷得买不起蜡烛，还读什么书呢！"匡衡听后非常气愤，不过他更下定决心，一定要把书读好。匡衡回到家，悄悄地在墙

上凿了个小洞，邻居家的烛光便透过来了。借着这微弱的光线，他如饥似渴地读起书来，很快就把家中的书全读完了。听说附近有个大户人家有很多藏书，匡衡就卷着铺盖出现在这家人门前，对这家主人说："请您收留我，我给您家白干活不要报酬，只要让我借阅您家的藏书就可以了。"主人被他的精神所感动，答应了他借书的要求。匡衡就是这样勤奋学习的，后来做了汉元帝的丞相，成为西汉时期有名的学者。

（二）《鲁迅刻"早"》

三味书屋是清末绍兴城里一所著名的私塾，鲁迅十二岁时到三味书屋跟随寿镜吾老师学习，在那里攻读诗书近五年。鲁迅的座位在书房的东北角，他使用的是一张硬木书桌。

鲁迅十三岁时，他的祖父因科场案被捕入狱，父亲长期患病，家里越来越穷，鲁迅经常到当铺卖掉家里值钱的东西，再在药店给父亲买药。有一次，父亲病重，鲁迅一大早就去当铺和药店，回来时老师已经开始上课了。老师见他迟到，就生气地说："十几岁的学生还睡懒觉，上课迟到，下次再迟到就别来了。"鲁迅听了，点点头，没有为自己做任何辩解，低着头默默地回到自己的座位上。

第二天，他早早来到学校，在书桌右上角用刀刻了一个"早"字，心里暗暗地下定决心：以后一定要早起，不能再迟到了。

以后的日子里，父亲的病更重了，鲁迅更频繁地到当铺去卖东西，然后到药店去买药，家里的很多活儿都落在了鲁迅的肩上。他每天天不亮就早早起床，料理好家里的事情，然后到当铺和药店，之后又急急忙忙地跑到私塾去上课。虽然家里的负担很重，可是他再也没有迟到过。

（三）《许衡不食梨》

许衡，金末元初著名理学家、教育家。早年，许衡跟很多人一起逃难，经过河阳（今河南省孟州市），由于行走路途遥远，天气又热，十分口渴，同行的人发现道路附近有一棵梨树，树上结满梨子，大家都争先恐后地去摘梨来解渴。只有许衡一人，端正地坐在树下，安然如常。大家觉得很奇怪，有人便问许衡说："你怎么不去摘梨吃呢？"许衡回答说："那梨树不是我的，我怎么可以随便去摘来吃呢？"那人说："现在时局这么乱，大家都各自逃难，这棵梨树恐怕早已没有主人了，何必介意呢？"许衡说："梨树没有主人，难道我的心也没有主人吗？别人丢失的东西，即使一丝一毫，如果不合乎道义也不能接受。"

第四节　缤纷运动乐

主题目标

1. 感受运动文化，享受运动的快乐，努力养成阳光自信、乐观向上的心态。

2. 逐渐爱上体育锻炼，每天都积极参加丰富多彩的体育运动，掌握一定的运动技能，提高身体素质。

主题背景

本次活动基于学生的兴趣爱好，以"运动"为主题，整合我校的大课间活动、体育节，让全体学生能走进运动，感受运动文化、运动旋律、运动精神等。在活动中，努力激发学生的主体参与意识，使每个学生都能找到自己感兴趣的项目，尽情体验，收获快乐，促进自我的不断成长。

学情分析

进入三年级后，学生的学习课程开始增多，体育锻炼就更为重要了。保证每天体育锻炼的时间，掌握一定的体育技能，能让学生在学习中更加专注。从三年级开始，学生的集体观念开始增强，他们能够通过日常活动明白团结合作的道理，但在具体活动中，这一意识往往又成了空喊口号，因此对于学生团结合作意识的培养要真正落实到每一次活动中，让每个学生都感受到个体与集体合作的重要性，为自己和小队的进步感到骄傲，从而更乐于与人合作，提升班级的凝聚力。

活动安排

活动一：漫游运动王国

活动二：运动小达人

活动三：体育节，我来啦

活动四：赛场显风采

活动五：为我喝彩——体育节岗位评价

活动一：漫游运动王国

一、活动目标
1. 了解运动知识、运动项目，激发对体育运动的探究兴趣。
2. 对重点项目进行小队合作探究，培养合作能力。

二、活动准备
1. 教师制作课件。
2. 学生收集运动项目、运动知识和运动员的相关资料。

三、活动过程
（一）开放式导入

师：同学们，前一阶段我们学习了《翻越远方的大山》一课，认识了著名的跨栏运动员刘翔、约翰逊。你还知道哪些运动知识、运动项目？

学生交流。

【设计意图】把语文课上的知识进行迁移，既能激发学生参与交流的兴趣，又能借助学科间的整合来加强学科间的联系。

（二）核心过程推进

1. 教师给学生做运动项目方面的介绍。

（1）国际奥林匹克运动项目。

（2）学校运动会上的一些比赛项目、比赛规则。

2. 学生讨论自己最喜欢的运动项目，说说喜欢的原因。

3. 知晓运动明星。

（1）你知道哪些运动明星？

学生交流，教师补充。

（2）你知道我们班有哪些运动小达人？

请班级运动小达人介绍自己的经验。

【设计意图】在小队的交流互动中共享资源，既可以互通有无，又可以培养学生专注倾听的能力。

（三）开放式延伸

师：你对哪个运动项目最感兴趣并想进行重点研究？

各小队领取任务。

【设计意图】为后续活动提前做好准备，也让小队成员的合作能力在具体的磨合中得以提升。

活动二：运动小达人

一、活动目标

1. 了解体育知识，热爱体育运动。
2. 在小队长的领导下参加体育活动，培养合作能力。
3. 提升班级的凝聚力，形成坚持锻炼的品质。

二、活动准备

学生以小队为单位，准备相应的展示资料。

三、活动过程

（一）常规积累，提前热身

唱班歌。

师：前期，我们班的每个同学都走进了运动王国，了解了运动知识，知晓了运动明星，我们每个小队还特意准备了一个"智力大闯关"小游戏，谁想来试一试？

【设计意图】激发学生的活动兴趣，使学生感受班集体团结、快乐、向上的气氛。

（二）核心过程推进

1. 运动小龙娃之竞赛篇。

第一小队出题考全班同学，发奖品。

教师即兴采访：（1）小队选题确定、奖品设置等情况；（2）答题冠军（每题都举手者）怎么会知道这么多？

【设计意图】在回顾运动知识的过程中，学生再次品尝到上次活动的成果，进一步激发了成就感。

2. 运动小龙娃之炫彩篇。

第二小队展示自己画的有关运动的图画，向全班同学介绍。

教师介入：你们喜欢其中的哪一幅画？你们可以向这幅画的小主人提问题。

【设计意图】从学生的眼光去感受运动，用学生的画笔去表现运动美，激发学生热爱运动的情感。

3. 运动小龙娃之大课间篇。

第三小队展示自己的采访实录，和其他同学互动交流。

教师随机采访：（1）看了这段视频，你有什么想法？（2）你对他们小

队的展示有什么看法？

【设计意图】学生敏锐地捕捉到了全校学生对大课间的热爱，从而引起了他们对这项运动的好奇，在采访、整理、汇报中，学生的主人翁意识在增强，合作能力、解决问题的能力也得到发展。

4. 运动小龙娃之创意篇。

第四小队进行健身操展示。

小队间互动交流。

教师介入：你们是怎样创编这套健身操的？你们将如何推广这套体操？

【设计意图】学生在这股运动风中能将自己的智慧与思考融入其中，更凸显出学生对于运动的热爱之情。

（三）布置后续活动

教师总结：运动小龙娃，阳光灵动，创意无限。你们喜欢吗？那就等我们下一个活动的到来吧，体育节，我们来啦！

【设计意图】总结提升，为后续活动打开空间。

活动三：体育节，我来啦

一、活动目标

1. 了解学校体育节丰富多彩的活动，积极参与锻炼，形成主动参与的意识。

2. 分析自身的情况，衡量得失，形成最合理的班级报名方案，培养全局意识，提升班级的凝聚力。

二、活动准备

教师制作课件，准备历届体育节的照片。

三、活动过程

（一）谈话导入

师：体育节到了，怎样才能让我们班的体育节开展得有声有色？

【设计意图】以具体的活动引领、指导学生积极参与策划，有效提升学生的策划能力。

（二）核心过程推进

1. 说说我们的体育节。

出示历届体育节的照片，学生谈自己的感受。

说一说：体育节有哪些运动项目？你或者同班同学获得了哪些荣誉？

2. 今年的体育节中，你想参加什么项目？

个人自荐：你想参加什么项目？说说你的特长。

小队推荐：班级学生分为六个小队，每一小队推荐一名运动员，并说出推荐理由。

审核团进行筛选，确定报名名单。

3. 怎样才能让自己在比赛中胜出？

小队讨论取胜妙招，并进行汇报。

体育委员带领运动员制订长期的锻炼计划。

非运动员定位自己在体育节中的角色，并思考自己的活动计划。

【设计意图】让每一个人都参与到体育节的活动中来，借体育节这股"东风"，使人人锻炼，全班投入。

（三）总结提升

教师总结提升。

活动四：赛场显风采

一、活动目标

1. 在体育节的竞技活动中奋力拼搏，感受运动文化，享受运动的快乐，接受运动精神的洗礼和熏陶。

2. 培养互帮互助、各尽其职的意识，提升班级的凝聚力。

二、活动准备

学生赛前分工，组成不同的团队，明确各自的职责。

三、活动过程

（一）开放式导入

教师赛前动员。

（二）核心过程推进

1. 赛前分工，明确任务。

（1）运动员团队：做好赛前准备，准时参加比赛，努力拼搏，争取取得佳绩。

（2）啦啦队：制订合适的口号，为运动员加油。

（3）后勤服务队：布置场地，准备物品。

（4）新闻撰稿队：关注赛场，及时把握赛场动态，撰写正能量的新闻稿。

（5）摄影团队：抓拍赛场上的精彩瞬间，以便赛后分享。

2. 提出赛场要求：积极参赛，文明观看。

【设计意图】实现活动的有序开展，让每个人明确自己的岗位职责、享受成功。

（三）总结表彰

做好小队汇报，活动后总结表彰。

活动五：为我喝彩——体育节岗位评价

一、活动目标

1. 回顾体育节中各小队的岗位工作情况，更直观地了解不同岗位的人员是如何尽职、聪明地做好岗位工作的。

2. 在尽心尽责做好岗位工作的同时，还有为同伴服务的意识，遇到困难能聪明地解决，也能与同伴互助协作。

二、活动准备

1. 教师制作课件，准备体育节学生在自己的岗位上工作的照片。

2. 学生反思自己的岗位工作，填好《岗位自评表》。

我所在的小队	
我的岗位	
我的职责	
我的贡献	
可以改进的地方	

三、活动过程

（一）开放式导入

师：同学们，我们上周四、周五举行了本学期为期两天的体育节，在体育节中不再只看到运动员的身影，而是每位同学都参与其中。这是因为我们在体育节之前就进行了分工，明确了自己的岗位职责。正因为如此，我们才在这次体育节中有这么多精彩、难忘的瞬间。请看大屏幕。

出示体育节学生在自己的岗位上工作的照片。

【设计意图】唤起学生对岗位工作的美好回忆，以最佳状态进入课堂。

（二）核心过程推进

1. 师：每一张照片背后都有一个故事，让我们回味无穷。同学们是怎样做好自己的岗位工作的呢？今天我们就要来评出体育节中的"岗位之星"。你还记得我们评"岗位之星"的要求吗？

出示"岗位之星"评选要求：（1）岗位工作尽心尽责；（2）遇到困难聪明解决；（3）能与同伴互助合作。

【设计意图】通过回忆，再次明确评选"岗位之星"的标准。

2. 师：将你的《岗位自评表》在小队内分享，并在小队内评选出"岗位之星"。

学生评选小队内的"岗位之星"。

3. 小队汇报。

（1）运动员团队。

小队长汇报：每位运动员都是"岗位之星"，因为每位运动员都是不可替代的。

运动员讲述自己在比赛前、比赛时、比赛后的心情。

（2）啦啦队。

舞蹈热身：跳啦啦操《加加油》。

小队长隆重介绍本队的"岗位之星"。

"岗位之星"讲自己的岗位小故事。

（3）后勤服务队。

小队长隆重介绍本队的"岗位之星"。

"岗位之星"谈自己的工作心得。

小队长：同学们对我们的后勤工作还有什么建议吗？

（4）新闻撰稿队。

小队长隆重介绍本队的"岗位之星"。

"岗位之星"谈自己的工作心得。

小队长：同学们对我们的新闻撰稿工作还有什么建议吗？

（5）摄影团队。

小队长与学生互动：这两名同学均被评为"岗位之星"，同学们，你们同意吗？为什么呢？

【设计意图】通过采访的形式，让学生进一步了解这些获奖同学的真实想法，激励其他同学向他们学习。

（三）总结提升

为"岗位之星"颁奖。

随机采访班级中其他没评上"岗位之星"的学生，问问他们有什么想法。

师：正是由于我们每位同学的付出，这一次的体育节才能圆满结束。期待同学们在下一次活动中也能像在这次体育节中一样对岗位工作尽职尽责，遇到困难聪明解决，能与同伴互助合作。

第五章 四年级活动课程实施方案

第一节　午间自主乐

主题目标

1. 通过午间十分钟活动的尝试与探讨，搭建展示与交流的平台，提升小干部的组织能力与策划能力。
2. 借助各栏目的多种样式与不同内容，丰富课余生活，开阔眼界。
3. 初步形成集体向心力，增强主人翁意识。

主题背景

九月中旬，我们班在大家的讨论下形成了五个小队，并形成了相应的午间微课程。从周一至周五分别是一站到底、美文朗诵、玩转英语、好玩的数学、才艺舞台。每一天上台表演（或主持）的学生总是提前做好准备。有的上台表演节目，给同学们带来轻松和欢乐；有的组织智力游戏，为同学们带来智慧的启迪；有的带领大家朗读美文，让同学们沉浸于美的享受中；有的讲解自然之谜，为同学们开启科学殿堂的大门……

但是，一个月下来，学生的热情渐渐消退，有的学生甚至找各种借口不肯上台展示自己。为此，我动了许多脑筋，费了许多口舌，但效果甚微。我决定利用班队课，与学生交流，相互评价，在阶段性评价中寻求解决问题的策略。于是我先在教室里做了一项调查，统计五个栏目组的人气指数，并让学生写下自己对各栏目组的意见。经过汇总，每个栏目组存在的问题就显而易见了。

学情分析

四年级学生的自我意识开始觉醒，他们特别爱表现自己，自我建构的动机增强，希望给同学或师长留下好印象。大多数学生在班队活动的磨炼下，基本上都能自信大方地展示自我，在活动策划方面很有自己的想法，尤其是当过负责人的学生，各方面能力很强。另外，学校社团也对学生的兴趣培养和能力提高起到了积极的促进作用。在班级活动中，这些学生会利用自己在社团中所学，带动小队内的其他成员一起为活动

献计献策。

但与此同时，有一个问题需要引起重视：四年级学生的分化开始形成，一部分能力强的学生越来越强，一部分学生则越来越不愿表现，如班队活动时提不起精神，没有自己的想法，也不肯付出努力去寻求解决问题的办法。

活动安排

活动一：午间微课程阶段性评价——前期策划
活动二：午间微课程阶段性评价——小队汇报

活动一：午间微课程阶段性评价——前期策划

一、活动目标

1. 通过问卷调查了解午间微课程实施的基本情况。
2. 培养获取信息、筛选信息的能力，能利用提炼出的有效信息正确地解决问题。

二、活动准备

1. 教师设计问卷，进行问卷调查。
2. 学生以小队为单位，准备相应的展示资料。

三、活动过程

（一）谈话导入

师：同学们，最近我们就午间微课程实施情况开展了问卷调查。今天我们来对这份问卷进行一下汇总、分析，以便促进我们今后活动的开展。

【设计意图】从学生的实际出发，聚焦班级问题，确定本次活动的内容。

（二）小队讨论汇报

把收上来的问卷发到各小队，小队统计调查结果。

统计内容：你最喜欢的午间微课程是什么？说说喜欢的理由。不太喜欢的午间微课程是什么？说说不喜欢的原因。你想对该小队提的建议是什么？

全班汇总，教师引导，提出建议。

【设计意图】在小队交流的过程中提升学生对资料的获取、整理、运用的能力，在小队汇报中形成团队合作能力。

（三）总结延伸

师：今天我们通过对调查问卷的分析，知道了我们的午间微课程有哪些优点和不足，并找到了造成不足的原因。接下来，我们就要根据这节课的调查进行汇报，让我们以后的活动开展得更加精彩。

【设计意图】提取出来的信息让学生对午间微课程的开展情况一目了然，知道今后努力的方向，对午间微课程的开展有高效能的指导意义。

四、资料共享

午间微课程喜爱程度调查表

1. 你最喜爱的午间微课程是（ 　 ）。

  A. 一站到底　　　　B. 美文朗诵　　　　C. 玩转英语

  D. 好玩的数学　　　E. 才艺舞台

你喜欢该微课程的理由是什么？

_____

2. 你不太喜欢的午间微课程是（ 　 ）。

  A. 一站到底　　　　B. 美文朗诵　　　　C. 玩转英语

  D. 好玩的数学　　　E. 才艺舞台

你不喜欢该微课程的原因是什么？

_____

3. 你想对该项目组的组长提的建议是什么？

_____

活动二：午间微课程阶段性评价——小队汇报

一、活动目标

1. 提高班级午间微课程的质量。

2. 培养倾听、吸取他人意见的能力。

3. 提高责任感，在策划中体验团队合作的愉悦感和成就感。

二、活动准备

1. 教师制作课件，准备各小队成员活动的照片和参加活动的学生的照片、"才艺舞台"微课程的经典视频片段。

2. 学生以小队为单位，准备相应的展示资料。

三、活动过程

（一）畅谈午间微课程

在音乐声中随机出示各小队成员活动的照片和参加活动的学生的照片，引导学生回顾本学期的午间微课程。

师：你最喜欢的午间微课程是哪一个？为什么？

（二）小队汇报，畅谈得失

1. 用图表展示前期统计结果。

师：本学期，我们班的午间微课程有所调整，同学们的参与热情瞬间高涨。但随着时间的推移，同学们的热情似乎有所减弱。我们进行了问卷调查，这是调查统计结果。我们可以看出，最受欢迎的是"才艺舞台"微课程。

播放"才艺舞台"微课程的经典视频片段。

2. 畅谈喜爱的理由。

师：你们喜爱这些微课程项目，是因为什么呢？

学生先在小队内交流，形成共识，再全班交流，教师及时板书，引导学生归纳：内容有趣、形式活泼、学得轻松……

师：这个微课程，除了本身内容较为轻松外，还有没有其他成功的要素呢？我们请"才艺舞台"队的同学来分享一下。

"才艺舞台"队介绍成功原因。

3. 小队汇报，聚焦改进。

（1）"玩转英语"队。

反思问题，提出改进策略。

出示10、11、12月份的活动安排。

（2）"好玩的数学"队。

反思问题，提出改进策略。

"魔方达人"亮相。

（3）"一站到底"队。

反思问题，提出改进策略。

播放江苏电视台《一站到底》节目片段，请其他同学结合电视栏目提建议。

（4）"美文朗诵"队。

反思问题，提出改进策略。

(5)"才艺舞台"队。

说一说听了其他队的策划自己学到了什么，还能有什么改进。

【设计意图】通过前期汇总、分析调查问卷的活动，提升了学生筛选、提炼信息的能力及团队成员分工合作的能力，在获取信息、小队讨论过程中呈现的有效资源对学生的成长具有教育指导意义。

（三）总结提升，聚焦延伸

1. 教师板书并总结提升微课程吸引力的秘诀：(1) 自我反思；(2) 善于请教老师，善于学习；(3) 筛选网络信息；(4) 向同伴学习，学会合作；(5) 寻求家长的帮助。

2. 学生畅谈班队课感受。

【设计意图】教师总结的内容来源于学生，提炼升华后又回到学生当中，使学生明确立场。以本堂课收获的方式方法为启发，引导学生今后午间微课程的开展实施。

第二节　春联大文化

主题目标

1. 丰富课余生活，提升了解、研究中国传统文化的热情。
2. 初步形成亲社会的情感和能力。
3. 提升利用网络、词典、书籍报刊等收集资料、处理信息的能力。
4. 提升合作能力和沟通交流能力，加强班级凝聚力。

主题背景

春联，也叫"门对""春贴""对联""对子"，是一种独特的中国文学形式。它以工整、对偶、简洁、精巧的文字描绘时代背景，抒发美好愿望。每逢春节，无论是城市还是农村，家家户户都要精选一副大红春联贴于门上，辞旧迎新，以增加节日的喜庆气氛。从家家户户门上一副副字体不一、内容丰富的春联中，可以感受到中华文化的博大精深，感受到淳厚的乡风民俗和浓郁的年味，感受万家团圆、和和美美、喜气洋洋的欢欣和人们对美好未来、幸福生活的殷殷期盼。

我校对春节的探究活动分年段进行。一年级开展喜迎新春送祝福活动，二年级、四年级开展春联大搜索活动，三年级开展巧用压岁钱活动，五年级开展年俗探究活动，六年级则开展小小志愿者在行动活动（写春联、送祝福、义工岗、组织联欢等）。在春联大搜索活动中，二年级主要是收集、交流春联，四年级则是综合融通语文教材中的《春联》一课，实现课程整合。所以在寒假，我们结合寒假作业，让学生收集春联，开学初学习了《春联》一课。这些是本次活动的基础。

学情分析

四年级的学生活跃、好动，对什么都感到新奇，但是能力不足。具体表现为表达能力不强，很少能用一大段完整连贯的话表达自己的观点；不够自信，不敢当众表达自己不成熟的想法，在公开场合有点拘谨；班级的凝聚力和集体荣誉感不强，学生大多数各自为政，偶有三五成群的小团体。

我们结合校级活动和班级自身的需要陆续开展过一些班队活动，如班级小岗位的竞选、课本剧表演、体育运动会、好书推荐活动等。但是公开观摩的大型班队活动几乎没有开展过，所以学生在大舞台上表现的经验不多。

活动安排

活动一：小春联，大文化
活动二：小春联，巧设计
活动三：小春联，进社区

活动一：小春联，大文化

一、活动目标

1. 了解春联知识及其背后的小故事，激起对春联这种特殊文化形式的喜爱之情。
2. 对自己的活动成果有喜悦感、成就感，感受与他人合作交流的乐趣。
3. 提升对祖国文化的热爱之情，培养为继承和发扬优秀民族传统而努力学习的优良品质，感受中华民族丰富的语言文化。

二、活动准备

1. 教师制作课件。
2. 学生以小队为单位，准备相应的展示资料。

三、活动过程

（一）谈话导入

师：同学们，通过寒假里的春联大搜索活动，我们熟记了很多朗朗上口的春联；学了《春联》一课，我们知道了更多的春联知识。今天，我们就要开展"小春联，大文化"活动，进一步走进春联。各小队准备好了吗？

（二）核心过程推进

1. 小队汇报。

教师组织各小队轮流上场汇报研究成果，注意各小队的资源，并及时捕捉、运用，引导生生互动。

（1）第一小队：春联秀场。

小队成员两两合作，以走秀的形式展示课前收集的春联。

教师介入：这么多朗朗上口的春联都是哪里来的呀？

学生讲述合作收集春联的故事。

（2）第二小队：春联的来历及春联小故事。

学生讲述。

教师介入：原来春联中还有这么多的小故事呢！这么有内涵的春联真是让我赞叹不已，同学们想不想也来试试写春联呢？

（3）第三小队：春联我来写。

邀请会写春联的学生讲讲春联的写法。

让会写春联的学生（练习过书法的学生）示范写一些春联。

生生合作，让会写春联的学生指导其他学生写春联，并让"小老师"和"小徒弟"合作展示自己写的春联，并进行评奖，颁发证书。

教师介入：你瞧，春联就是这样，只要带着自己的心意，怀着对未来的美好期待，我们也能够创作出寓意深刻的春联。

2. 交流收获。

师：刚才同学们以小队为单位，精彩地呈现了自己的学习成果。听了你们的分享，老师感受颇多，深深觉得，中华文化博大精深，我们应该为此感到骄傲。同学们也一定有了新的收获，能与大家交流一下吗？

学生在教师的引导下交流心得和收获。

【设计意图】在研究性学习的过程中会生成很好的教育资源，如果能较好地利用，对学生更具有成长的教育指导意义。

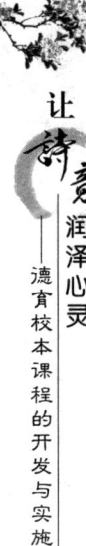

（三）总结延伸

师：同学们，通过对春联的收集，大家一定对这种中国特有的文化产生了浓厚的兴趣。在这一次的小队展示中，我看到了更自信、更大方、更博学的你。春联，其实只是我们传统的对联中的一种，还有更多的奇联、趣联，更多有趣的名人故事等着我们去发现呢！除了春节我们在大门上贴对联，其他时候，你们还在哪里看到过对联呢？（景区、商店、有丧事的人家……）的确，对联有喜庆联、名胜联、行业联、哀挽联等，还有一种特别好玩的，叫趣巧联。关于春联的奇闻逸事，请大家收集一下，下节课我们来交流。

活动二：小春联，巧设计

一、活动目标

1. 提升收集、处理信息的能力。
2. 学会与他人平等地交流与合作，积极参与集体活动。
3. 提升创作能力，培养欣赏美、鉴赏美的能力。

二、活动准备

每个小队领取一份《居民春联调查表》，要求学生在一周内，对家中成员、小区邻居进行关于"你喜欢的春联是什么样的"的调查。然后，各小队成员将调查问卷的结果汇报给小队长，由小队长汇总，组织成员制作课件、准备汇报。

三、活动过程

（一）谈话导入，明确目的

师：同学们，继上次"小春联，大文化"活动之后，相信大家已经积累了很多的春联小知识。课前，老师也提醒各小队抱着研究的态度，去发现新时代春联发展的状况。从同学们传回来的资料中，我发现大家都热情满满，非常认真地完成了一周的调查活动。现在是大家各显身手的时候了，请各小队详细呈现一下你们的调查情况吧。

【设计意图】在活动伊始就让学生明确活动目的，有利于后续活动的开展。

（二）小队汇报，集思广益

各小队派代表以课件呈现与语言解说相结合的方式，向全班汇报一周调查中了解到的人们对春联的喜好和期待。小队代表汇报完毕，小队成员做补充，其他学生进行点评。

各小队汇报完毕后，进行评比。以小队为单位，从课件制作、内容完善度、汇报语言的流畅性等方面来评析。

【设计意图】这是本次活动的主要环节，在小队自主汇报的过程中，让学生感知人们在新时期对中国传统文化进一步发展的期待，同时加强学生的语言表达能力。

（三）创意设计，汇报评比

小队合作，围绕调查问卷的重点设计自己的创意春联。（主要改变内容、颜色和形状）

小队展示春联，小队长围绕"创意""寓意""合作"三个关键词对小队的创意春联进行具体的讲述。评委对各小队的创意春联进行评比，并颁发证书。

【设计意图】通过创意春联的设计、评比，提升学生的审美能力，培养学生的语言表达能力和创新意识。

（四）总结提升

师：在刚刚的创意春联评比活动中，大家都将自己的创意加入了传统的春联文化中，让我们的中华文化瑰宝焕发了生机，相信人们会特别喜欢你们的作品。

四、资料共享

（一）《居民春联调查表》

1. 你们家过年贴春联吗？	
2. 你认为春联有什么寓意？	
3. 你见过的春联是什么样子的？	
4. 你的印象中春联大多是什么内容的？	
5. 如果让你来设计，你想设计什么样的春联？	
6. 你认为新时期的春联可以加入哪些创新元素？	
7. 如果有令你满意的创意春联，你愿意购买吗？	

(二)《创意春联设计评比单》

创意（40分）	寓意（30分）	合作（30分）	总计

(三) 颁奖证书

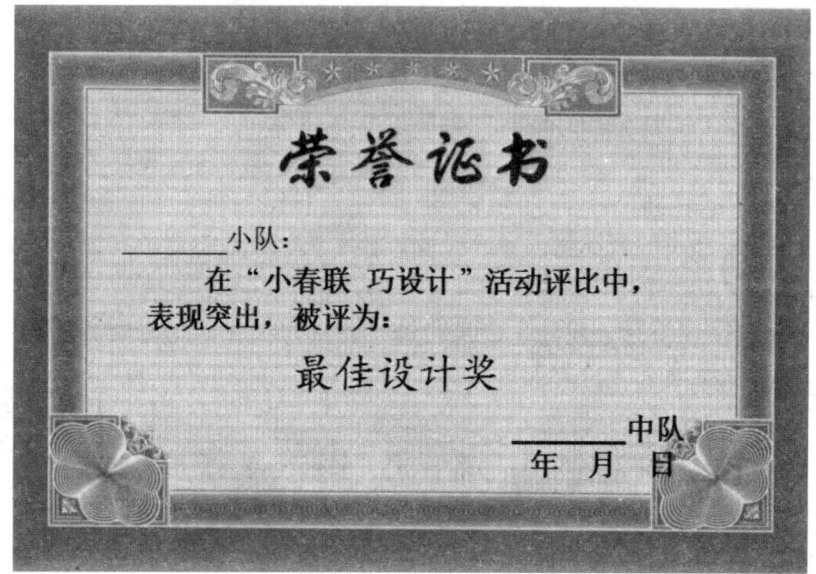

活动三：小春联，进社区

一、活动目标

1. 通过义卖活动，感受生活的艰难和幸福的来之不易，培养勤俭节约的好习惯，同时献出一份爱心。

2. 通过送春联活动，关爱身边的孤寡老人和需要温暖的人，传播爱的能量。

3. 培养吃苦耐劳的品质和沟通交流的能力，弘扬中华民族优秀的传统文化。

二、活动准备

1. 联系社区、儿童福利院和敬老院，联合举办活动。

2. 各小队设计并制作春联、宣传画和推广标语。

三、活动过程

（一）社区联动，爱心义卖

小队分工，通过制作好的宣传画和推广标语在社区宣传义卖活动。

小队合作，宣传、推广自己设计的创意春联。

将义卖所得的钱捐给儿童福利院。

（二）暖心送春联

小队合作，给敬老院的爷爷奶奶送春联、贴春联、讲春联小故事。

【设计意图】通过爱心义卖和暖心送春联两个活动，培养学生团结合作和沟通交流的能力，同时也将创意春联宣传出去，传播中华民族优秀的传统文化。

（三）总结提升

师：为了这次班级活动，我们班的每个同学都积极地准备着，老师看到了你们的付出和努力，虽然在这个过程中还存在着一些问题，但是每个人都有很多收获。

【设计意图】总结提升，肯定学生的努力，为以后的活动做好铺垫。

第三节　大课间真精彩

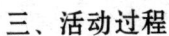

主题目标

1. 学会清楚地表达自己的感受和见解，体会他人的心情和需要，倾听他人的意见。

2. 以小队形式学习策划活动方案，并主动开展多种实践活动，增强自行策划、组织活动的能力，提升个人才干。

3. 学会换位思考，发挥想象力与创造力，参与学校管理和建设，增强主人翁意识。

主题背景

体育节的开展为学生提供了一个很好的运动平台，学生的参与度很高。随着体育节的落幕，学生希望把体育节的趣味和运动的欢乐延续到每天的大课间中。我校的大课间活动项目大多是针对冬季体育锻炼展开的，如篮球、长跑、跳绳、踢毽等，学生不免出现厌倦情绪，出现参与度低、

积极性差、对大课间的喜爱度降低等情况,更重要的是学生得不到切实有效的锻炼。在这样的情况下,学生提出改变大课间的形式,让它充满活力和希望。

学情分析

四年级的学生开始有比较明显的兴趣和爱好倾向,对事物形成了自己的看法,会关注身边的问题,也开始关注社会。有些学生会对一些现象表达自己的不满,而且产生积极参与、改变现状的愿望。他们自行策划、组织活动的能力增强了,开始渴望拥有自主管理的机会。

活动安排

活动一：大课间活动策划

活动二：大课间活动调查汇报

活动三：大课间活动真精彩

活动四：大课间,动起来

活动一：大课间活动策划

一、活动目标

1. 通过讨论决定采用哪些方式来了解大课间活动的情况。

2. 小队合作,做好调查前期准备,并反复修改方案,力求简单有效。

二、活动准备

教师制作课件,准备采访活动提纲卡、《大课间活动调查问卷》。

三、活动过程

（一）谈话导入

师：同学们,最近由于天气原因,我们的大课间活动受到了一定的限制。你们喜欢现在的大课间吗?

学生畅所欲言,教师根据情况引导学生讨论保留哪些原有项目,创新哪些项目。

【设计意图】从实际出发,聚焦大课间问题,引发学生热烈讨论,为活动策划做准备。

（二）引发思考

师：既然大家都觉得大课间活动还不是很完美，需要改进，那么如何改呢？我们改的根据是什么？

生：可以先去调查，然后根据调查结果进行相应的改进。

教师对这种方法表示肯定，引导学生构想调查的方式。

生：采访、座谈、调查问卷、拍摄照片或视频……

教师引导学生分成三个小队：采访队、问卷队、拍摄队。

（三）讨论汇报

1. 各小队重点讨论的项目包括以下几方面。

（1）采访队：讨论要调查的内容，填写采访活动提纲卡。

（2）问卷队：讨论调查问卷的题目。

（3）拍摄队：讨论拍摄的选择点。

教师巡视，引导学生考虑周全。

2. 小队讨论汇报形式及成员分工。

3. 小队汇报，教师引导，让其他学生在认真倾听的基础上提出建议。

小队长及时做好记录，并进行必要的修改。

【设计意图】在小队交流的过程中提升学生对资料的获取、整理、运用的能力，在小队汇报过程中培养学生的团队合作能力，在全班交流中提升学生的现场学习力。

（四）总结延伸

师：今天我们通过讨论知道现在的大课间活动方案有优点也有不足，改进势在必行。刚才大家在小队长的带领下，找到了自己擅长并喜欢的调查方式，讨论了成员分工。接下来，我们就要根据这节课的讨论结果进行实践，让我们的大课间方案修改得有理有据，更符合大部分同学的需要。

【设计意图】提取出来的信息，让学生对大课间调查情况一目了然，知道自己今后的努力方向，并有效延伸至下节课的小队汇报中。

四、资料共享

（一）采访活动提纲卡

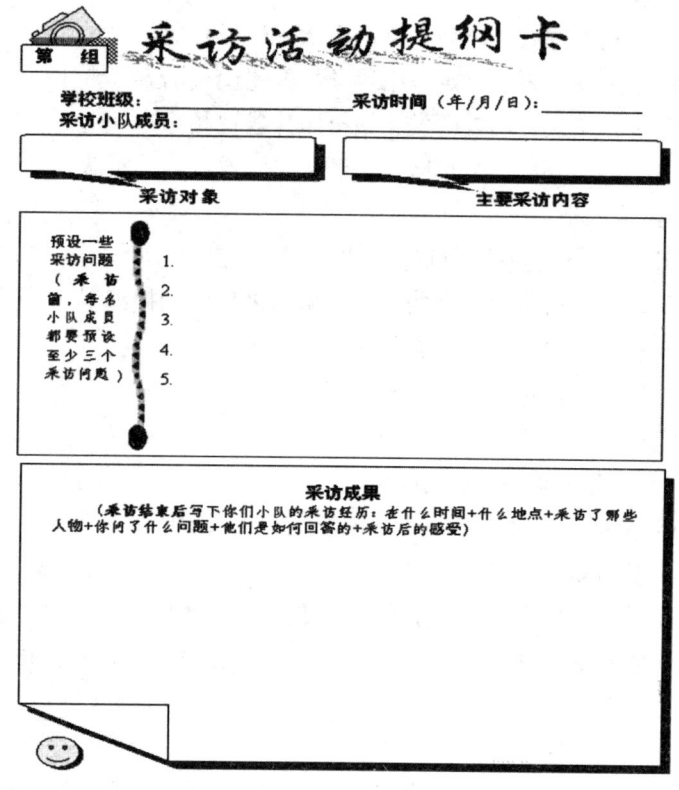

（二）《大课间活动调查问卷》

你好！此次问卷调查的主要目的是想了解龙虎塘实验小学大课间体育活动的现状。为保证真实性、准确性，希望你认真作答，选择最贴近实际情况的一项。为保护你的隐私权，本次问卷将采用不记名方式。我们对你的配合表示真诚的感谢！请你在相应的选项序号上打"√"或在_____上填写你的答案。谢谢！

1. 你的性别是（   ）。

   A. 男　　　　　B. 女

2. 大课间活动的内容有（   ）。（多选）

   A. 跑步　　　B. 跳绳　　　C. 广播操　　　D. 篮球

   E. 足球　　　F. 乒乓球　　G. 羽毛球　　　H. 其他____

3. 大课间的时间为（　　）。
   A. 15 分钟　　　　B. 20 分钟　　　　C. 25 分钟　　　　D. 30 分钟
4. 你喜欢大课间体育活动吗?（　　）
   A. 喜欢　　　　　B. 不喜欢　　　　C. 无所谓
5. 你认为大课间体育活动有意义吗?（　　）
   A. 非常有意义　　B. 有意义　　　　C. 没意义
6. 你参加大课间体育活动的途径有（　　）。
   A. 学校组织　　　　　　　　　　　B. 班级组织
   C. 同学自发参与　　　　　　　　　D. 其他_____
7. 你认为大课间体育活动以什么形式开展比较好?（　　）
   A. 教师带着做游戏　　　　　　　　B. 做广播体操
   C. 自由活动　　　　　　　　　　　D. 其他_____
8. 教师对大课间体育活动重视吗?（　　）
   A. 非常重视　　B. 重视　　　　C. 不太重视　　　D. 不重视
9. 你认为大课间体育活动开展什么体育项目比较好?（　　）（多选）
   A. 乒乓球　　　B. 篮球　　　　C. 跳绳　　　　　D. 踢毽子
   E. 足球　　　　F. 羽毛球　　　G. 健美操　　　　H. 其他____
10. 你所在学校大课间体育活动的气氛怎么样?（　　）
    A. 非常好　　　B. 好　　　　　C. 不太好　　　　D. 非常不好
11. 你认为大课间体育活动能强身健体吗?（　　）
    A. 能　　　　　B. 不能
12. 大课间体育活动能使你学到什么运动技术?（　　）（多选）
    A. 篮球　　　　B. 足球　　　　C. 健美操　　　　D. 羽毛球
    E. 乒乓球　　　F. 跳绳　　　　G. 其他_____
13. 你的父母了解大课间体育活动吗?（　　）
    A. 了解　　　　B. 一般　　　　C. 不了解
14. 你的父母支持你参加大课间体育活动吗?（　　）
    A. 支持　　　　B. 不支持
15. 你认为大课间体育活动一周应进行几次?（　　）
    A. 0 次　　　　B. 1 次　　　　C. 2 次
    D. 3 次　　　　E. 4 次　　　　F. 5 次

16. 你参加大课间体育活动的态度怎么样？（　　）

A. 非常认真　　B. 认真　　　C. 不太认真　　D. 不认真

17. 大课间所用的场地为（　　）。（多选）

A. 田径场　　　B. 篮球场　　　C. 羽毛球场

D. 乒乓球场　　E. 足球场　　　F. 其他_____

18. 你所在学校的体育器材齐全吗？（　　）

A. 齐全　　　　B. 不太齐全　　C. 不齐全

19. 你认为下面哪些情况会影响你参加大课间体育活动？（　　）（多选）

A. 学习时间紧

B. 缺乏体育特长

C. 缺乏同伴陪同

D. 没有适合自己的活动项目

E. 认为参加大课间体育活动没什么用

F. 其他_____

问卷到此结束，我们对于你的支持与帮助表示衷心感谢，祝学习进步！

活动二：大课间活动调查汇报

一、活动目标

1. 提高获取信息、筛选信息的能力，能利用提炼出的有效信息正确解决问题。

2. 利用小队合作的方式做好调查，确定汇报方式，提升口语表达和与人交往的能力。

二、活动准备

学生分成三个小队进行问卷调查、采访、拍摄，对调查结果进行整理、分析，确定汇报形式。

三、活动过程

（一）谈话导入

师：同学们，最近我们就大课间活动开展了问卷调查，今天就要对这份问卷进行汇总、分析，以便于今后活动的开展。

【设计意图】从学生的实际出发，聚焦问题，明确活动目标。

(二)小队汇报

1. 问卷队汇报。

用课件汇报调查结果。

问题1：你喜欢大课间活动吗？

喜欢	不喜欢	无所谓
67%	0%	33%

问题2：对于每天的大课间活动，你的态度是怎样的？

积极参加	一般	应付
60%	35%	5%

2. 采访队汇报。

学生介绍采访学生、班主任、体育教师、家长的情况，再现当时的采访场景。

3. 拍摄队汇报。

播放大课间时的视频（突出积极参与活动的、无所事事不参与活动的或追逐打闹的典型）。

4. 教师引导，提出建议。

【设计意图】在小队交流的过程中提升学生对资料的获取、整理、运用的能力，在小队汇报过程中形成团队合作能力。

(三)总结延伸

师：今天我们通过分析调查问卷，了解到大家对大课间都很喜欢。但是由于我们学校的活动场地有限，各班对大课间活动的组织也不一样，导致班级之间的活动情况存在差异。课后，我们可以好好思考一下，如何在有限的场地中设置有趣的活动，让我们以后的活动开展得更加精彩。

【设计意图】在分析的基础上提出新问题，促使学生进一步思考。

活动三：大课间活动真精彩

一、活动目标

1. 了解体育锻炼的重要性，增强参加体育锻炼的意识。
2. 学会有计划、有步骤地参加体育活动。
3. 对体育锻炼产生兴趣，感受参加体育锻炼的乐趣。

二、活动准备

学生排练小品《为什么要锻炼》；以小队为单位，准备相应的展示资料。

三、活动过程

（一）前期活动过程回顾

师：上次班队课上，我们通过调查问卷的方式了解了大课间活动的情况，并以小队为单位分门别类地统计、分析了这些调查问卷。通过这些细致、深入的调查，我们知道了大课间活动的情况，也讨论了我们可以通过怎样的改进让大课间变得更精彩。

学生表演小品《为什么要锻炼》。

结合小品和生活实际，全班学生畅谈锻炼的好处。

（二）核心过程推进

1. 七彩陀螺小队汇报。

齐喊小队口号。

使用课件介绍陀螺的历史、玩法。

示范、教授玩陀螺的技巧，讲解注意事项。

2. 灌篮高手小队汇报。

齐喊小队口号。

花式篮球表演秀。（以《灌篮高手》的主题曲为背景音乐）

使用课件介绍篮球入门的基础招式、篮球场规则。

3. 炫舞小队汇报。

齐喊小队口号。

播放炫舞表演的视频。

现场表演一段简单易学的炫舞。

4. 快乐皮筋小队汇报。

齐喊小队口号。

使用课件图解花式皮筋的跳法和规则。

（三）总结延伸

师：每天锻炼一小时，健康工作五十年，幸福生活一辈子。生命在于运动，积极锻炼能为我们的学习生活提供源源不断的正能量。现在我们的大课间都有了充实的安排，既能锻炼身体，又能愉悦身心。同学们，让我们动起来。

活动四：大课间，动起来

一、活动目标

1. 逐步提高自身的组织策划能力，增加过程体验。

2. 关注分工合作中的细节问题，能在实践中想办法克服困难，增强小队合作的能力。

3. 发挥同伴群体效应，将大课间活动推广开来，形成积极锻炼的氛围。

二、活动准备

学生以小队为单位，准备相应的展示资料。

三、活动过程

（一）回顾导入

师：同学们，上次班队课我们七彩陀螺小队、灌篮高手小队、炫舞小队、快乐皮筋小队对自己策划的课间活动进行了示范，相信经过你们的充分准备一定能够保证课间活动的顺利实施。下面请各队同学讨论如何来具体实施你们的活动。

（二）核心过程推进

1. 各小队展示。

（1）七彩陀螺小队。

分工合作,安排负责演示陀螺玩法的学生和负责活动场地布置的学生。

(2)灌篮高手小队。

聚集喜欢打篮球的学生,每周在固定场所进行班级联谊赛。

(3)炫舞小队。

负责演示的学生展示通过什么样的方法来进行活动,以及活动的时间、地点等具体方案。

（4）快乐皮筋小队。

确定自己的活动场地，组织兴趣小队。

2. 同年级各班展示。

班长组织各小队中比较出色的学生在同年级范围内进行班级联谊活动展示，交流活动实施的心得及克服困难的方法。

（三）总结延伸

师：今天，我们精心策划了课间活动的实施方法。接下来期待大家根据小队的选题，利用合作的力量，将课间活动的精彩一一呈现在我们面前。我相信，在实行的过程中如果遇到困难，你们一定能通过谦让、宽容等美德来解决问题。老师拭目以待！

第四节　社团常州行

主题目标

1. 引导班内刚组建的非正式群体（社团）开展有益身心的活动。

2. 明确可以从哪些方面研究常州，逐步提高自己的合作能力和策划能力。

3. 在粗略了解常州概况的基础上，初步了解常州的民族文化和魅力，激发对常州的热爱之情。

主题背景

"天下名士有部落，东南无与常匹俦。"常州，是一座具有2500多年历

史文字记载的江南文化古城,素来被誉为"物华天宝、人杰地灵的鱼米之乡",并有"三吴重镇、八邑名都"和"龙城"的美称。在这片古老而繁华的土地上,大自然惠予了特别的优势和殊胜的境遇,先民们胼手胝足地开拓和构筑了独有的文化。当代的常州人不断地追求着美好的生活,几十年间,常州发生了翻天覆地的变化,作为常州人,我们理应感到自豪。生长在常州的孩子,虽然时常穿梭于常州的大街小巷,但对这座城市还是充满着好奇与期待。另外,我班学生有将近一半来自江苏省外,常州是他们的第二故乡,很有必要让他们熟悉并爱上这座城市。所以我们选择了研究家乡的主题,来激发学生热爱家乡的情感,使他们树立"今天我以家乡为荣,明天家乡以我为荣"的美好愿望。

学情分析

到了四年级,班里非正式群体的数量在快速增加。这些小团体存在的不良因素较多,或是攀比学习用品的时尚,或是交流玩电脑游戏的快感,但在爱好与学习上交流得比较少。另外,四年级学生还具有以下的特点:

1. 学生正处在由儿童期向少年期转变的过程中,他们的独立意识开始增强,已经不满足于单纯地听教师的话,也不满足于接受课堂教学。他们爱看课外书,对自然现象、社会现象产生了兴趣。

2. 学生之间在学习上出现了较明显的差距,兴趣爱好也有所分化。

3. 学生对集体生活已经比较熟悉和习惯,愿意参加集体活动,也逐步树立起集体荣誉感,并有了广泛交友的愿望。

4. 学生看问题仍然比较幼稚,对复杂的是非分辨不清,对日常生活的基本准则虽然知道,但往往不能自觉执行,自控能力较差,人际交往、与人合作方面的问题较多。

活动安排

活动一:常州一日自助游

活动二:研究方案大家谈

活动三:我是常州宣传员

活动一：常州一日自助游

一、活动目标

1. 在了解常州概况的基础上，初步感受常州的民族文化和魅力。

2. 利用小队合作的方式做好"常州一日游"的策划，并反复修改方案，力求简单、可操作。

二、活动准备

1. 教师制作课件。

2. 全班分为八个小队，提前查找资料、阅览地图，了解常州著名的旅游景点。

三、活动过程

（一）谈话导入

师：我班的很多同学来自江苏省外，那么常州就是我们的第二故乡。你知道常州有哪些著名景点？要想进一步了解这座城市，可以怎么做？

生：旅游。

师：好，今天我们就来策划一下"常州一日游"。

教师提出可以从哪几个方面策划，引导学生从前期准备工作、活动当天事宜和后期工作三个方面进行讨论。

【设计意图】从出游活动的实际出发，引发学生的思考，为活动策划的讨论做准备。

（二）小队汇报，丰厚拓展

1. 由小队长领头，带领队员进行分工，讨论后把需要做的事情罗列出来，着重设计"常州一日游"的路线图。

要求：一天安排的景点不宜太多；相隔较近的、同一方向的景点，最好安排在一起进行。

2. 小队展示，互相评价。评价可以从对景点是否感兴趣、路径与时间是否合理、刺激与舒缓是否相结合这些方面进行。

要求：各个小队成员在认真倾听的基础上提出建议，让前期准备工作更为完善，为以后的出游做好准备。

【设计意图】在合作交流的过程中提升学生的计划能力，在汇报中培养学生的团队合作能力。

（三）总结延伸。

师：今天，同学们通过讨论对出游当天的路线有了大致的了解，同时也知道了一些活动当天的事宜。接下来，我们就要根据这节课的讨论结果进行实践，修改好我们的活动策划方案，让活动方案更符合大部分学生的需要。

【设计意图】制订的策划方案能让学生对出游活动的情况一目了然，对活动顺利开展有高效能的指导意义。

活动二：研究方案大家谈

一、活动目标

1. 在回顾活动过程中进行反思，认识方案的优缺点。
2. 增强合作能力和策划能力。

二、活动准备

学生以小队为单位进行常州一日游。

三、活动过程

（一）"常州一日游"得失谈

师：今天，我们继续走进常州。上次的常州一日游，你一定印象深刻吧？在家长和教师的帮助下，我们第一次以小队为单位游览了常州。请各位小队长向大家汇报一下：（1）你们去了哪里？为什么要去那里？（2）从学校出发，你们都看见了什么？你们想深入了解什么？（3）在一日游的过程中，你们碰到了什么困难与问题？

学生畅谈一日游经历，把自己的所见所闻、所思所想流畅地表达出来。

（二）核心过程推进

1. 问题归类，解决问题。

教师引导学生把众多问题进行归类并讨论解决这类问题的方法。学生就问题先进行小队内讨论，再全班交流，得出问题的解决方法。学生根据归因对问题分类，如活动准备、活动分工、活动方法、活动目标、活动纪律等。

2. 自主选题，合理分工。

师：在这几个大方面中，大家最想研究哪个方面？

各小队根据自己的优势选定小主题，讨论研究的渠道与方法。然后全

班交流，选取有代表性的问题进行讨论与协商。

（三）拓展延伸

师：接下来期待大家根据本小队的选题，利用合作的力量，将常州的精彩一一呈现在我们面前。

活动三：我是常州宣传员

一、活动目标

了解家乡的变化与发展，培养热爱家乡的思想感情，树立民族自尊心、自信心、自豪感。

二、活动准备

1. 教师制作课件，收集学生拍摄的展示常州风貌的照片。
2. 学生以小队为单位，准备相应的展示资料。

三、活动过程

（一）导入

师：同学们，我们的家乡常州位于江南水乡，千百年来，常州人携手自然，铸就了独具魅力的常州名片。这块土地养育了一代又一代常州人，同时，一代代常州人又用智慧、辛勤的劳动把常州建设得越来越美。勤劳、善良的家乡人是我们每一个出生、成长、生活、学习在常州的同学学习的榜样。

（二）看图片谈感想

师：前期，同学们策划了"常州一日游"的旅行方案，并付诸实践，拍了精美的照片，一起来看一看。

出示学生拍摄的展示常州风貌的照片。

师：看了这些展现我们常州风貌的照片，你们有什么感想？

生：看了这些照片，我觉得家乡很美。作为一个常州人，我很自豪！

生：看了这些照片，我知道家乡现在很美，我坚信将来一定会更美。

生：我们现在应该好好学习，掌握技能，将来把家乡建设得更美。

【设计意图】通过学生拍摄的照片，激起学生对家乡的热爱和作为常州人的自豪感。

（三）各小队汇报

师：刚才我们看到的只是常州的几个景点，其实常州值得称道的地方多的是。下面就请各小队将调查到的情况向老师和同学们汇报。

1. 风景名胜队汇报。

风景名胜队代表出示图片并做简要介绍。

中华恐龙园

天宁寺

2. 土特产队汇报。

土特产队代表出示图片并做简要介绍。

大麻糕

萝卜干

3. 民风民俗队汇报。

民风民俗队代表出示图片并做简要介绍。

太平锣鼓

舞龙灯

4. 水陆空交通队汇报。

水陆空交通队代表出示图片并做简要介绍。

城市快速公交　　　　　　　　　地铁

5. 历史文化队汇报。

（1）介绍常州文化名人，重点介绍"常州三杰"（瞿秋白、张太雷、恽代英）。

（2）介绍常州历史地名。

【设计意图】通过调查汇报，让学生全面了解常州，从而更加热爱自己的家乡，为自己是常州人而自豪。

（四）总结延伸

师：常州是我们的家，美化靠我们大家，常州的建设与我们每一个常州人都息息相关。让我们向全校所有同学发一封倡议书，倡议大家都来做保护家乡环境、促进家乡发展的主人吧。

【设计意图】把对家乡的爱落到实处，以自己的行动热爱常州，为自己的家乡出力。

四、资料共享

（一）"常州三杰"

1. 瞿秋白。

瞿秋白，散文作家，文学评论家。出生在江苏省常州城东南角青果巷八桂堂天香楼。1919年参加五四运动，同年11月参与创办《新社会》。曾两度担任中国共产党最高领导人，是中国共产党早期主要领导人之一，马克思主义者，无产阶级革命家、理论家和宣传家，中国革命文学事业的重要奠基者之一，上海大学原教务长兼社会学系主任，为中国人民的解放事业和民族振兴输送了一大批栋梁之材。1935年2月在福建省长汀县被国民党军逮捕，6月18日慷慨就义，时年36岁。

2. 张太雷。

张太雷，江苏省常州人，中国无产阶级革命家。1920年参加北京共产主义小队。1921年陪同共产国际代表先后在北京、上海与李大钊、陈独秀等会谈，参与创建中国共产党。同年6月以中共代表身份出席共产国际三大。1922年8月参加中共中央杭州会议，主张国共合作，建立反帝反封建统一战线。曾任中共第四届中央候补委员、第五届中央委员，八七会议上当选中央临时政治局候补委员。1927年领导广州起义，任总指挥。同年12月12日，在赴前方指挥战斗途中，遭敌伏击，壮烈牺牲。

3. 恽代英。

恽代英，原籍江苏省常州人，中国无产阶级革命家，中国共产党早期青年运动领导人之一。学生时代积极参加革命活动，是武汉地区五四运动主要领导人之一。1920年创办利群书社，后又创办共存社，传播新思想、新文化和马克思主义。1921年加入中国共产党。1923年任上海大学教授。同年8月被选为中国社会主义青年团中央委员、宣传部部长，创办和主编《中国青年》，它培养和影响了整整一代青年。在1927年中国共产党第五次全国代表大会上，他当选为中央委员。同年先后参加南昌起义和广州起义。1928年后，在党中央宣传部工作。1930年在上海被捕。1931年4月在南京被国民党反动派杀害。

（二）常州历史地名

常州的地名从各个角度反映了常州历史的特征，映射出常州的自然、历史、社会、经济、人文、宗教、习俗等方面。

常州是历代郡、州、府治和县治所在地，为官者甚多，因此以官署、官职、官宅得名的地方不少。诸如府直街、府东巷、府西巷、府桥头、县直街、县学街、察院弄、尚书弄、局前街等。还有以驻军营地命名的如小营前、小校场、营房弄、教场弄、马园巷等。

常州是人文荟萃之地，许多地方以历史名人或其史迹得名。诸如十子街、正素巷、周线巷、荆川路、雪洞巷、王守沿、百花楼、书卷弄等。还有以出资修路、建桥之人的名字命名的如留芳路、琢初桥、世丰桥、润芝桥、广成桥等。

常州为江南水乡，河渠纵横，桥梁众多，许多地方以河渠桥梁得名。诸如关河路、三宝洪路、龙游路、大圩沟、新河滩、池塘沿、小河沿、白云渡、乌衣浜、吊桥路、虹桥湾、锁桥湾、斜桥巷等。

常州境内，寺庙观庵较多，从地名中可见一斑。诸如大庙弄、小九华路、竹林路、清凉路、神仙观弄、正觉寺弄、玄妙观弄、关帝庙弄、灵官庙弄、药王庙弄、天王堂弄等。虽然这些地名所对应的寺庙大多消失了，但这不仅给人们留下了想象的空间，也让人留恋古文明。

依据地形、地势得名的地方也比较多，如牛角尖、马蹄巷、三角场、五角场、高墩子、黄泥坝等。有许多地名以方位得名，如东、西、南、北大街，五角场东、南、北路，关河东、中、西路，浦前东、西、北路，延陵东、西路，东、西横街，东、西下塘，西、南、北城脚，大、中、小马园巷，大、小火弄，等等。

还有以相关物的名称得名的地方，如大仓路、西仓街、东仓桥路等是因当地有府、县仓廒而得名；红梅路、公园路因傍公园而得名；黄石墙（匠）弄因弄内原有黄色石墙而得名；等等。以动植物名得名的有金鱼弄、鹤园弄、蛤蜊滩、杨柳巷、荷花池、桑园村、大树头、茭蒲巷、花椒园、柏树头等。

还有以神话传说得名的地方，如化龙巷、升仙弄、凤冠弄、石柱弄等。以数字排列为名的，如头条弄、二条弄、三家村、四美里、十人间等。以姓氏为名的，如庄家场、胡家场、艾家场、郑家场、周家巷、陆家巷、许家村、吴园等。

（三）《爱我家乡倡议书》

亲爱的老师、同学：

美丽的常州是我们的家乡，她以素雅、秀丽、隽美、幽深的历史文化风貌，折射着东方文明的智慧之光。

多年来，她像一位伟大的母亲，养育了我们一代代常州人。我们每一名学生都应热爱她，都应尽力为家乡的建设事业做贡献。为此，我们向全校同学发出如下倡议：

1. 努力学习，将来用自己的所学报效家乡。
2. 不乱丢、乱抛、乱倒，做家乡环境的卫士。
3. 言行举止文明，树立常州人文明好客的形象。
4. 积极参加各种有益家乡建设和发展的公益活动。

四年级（1）班全体学生

第六章
五年级活动课程实施方案

第一节　小龙娃安全行

主题目标

1. 了解相关的日常安全常识，增强安全意识。
2. 通过策划宣传安全常识的校园活动和社区活动，培养策划能力和组织活动能力。
3. 能积极发现问题，培养分析问题、解决问题的能力。
4. 逐步培养主体参与意识以及收集整理信息的能力、语言表达的能力和团结合作的精神。

主题背景

五年级的学生在安全常识方面已经具备一定的认识，渴望与其他同学在课外进行一些小团体活动。同时，有大约三分之一的家长在双休日是无法陪伴孩子的，还有的学生是放学独自回家、放学后独自在家的。针对这种情况，对学生进行交通、日常生活、人际交往这三大方面的安全常识教育非常有必要。同时，五年级的学生除了自己需要接受这些教育之外，还应对其他人进行安全常识的宣传，如何宣传可以让学生自己策划，以此来提升他们的组织策划能力。从这个意义上说，这是一个融知识学习与能力培养为一体的活动。

学情分析

五年级学生需要的不仅仅是一次安全教育，还是一次岗位锻炼机会。他们需要通过向他人宣传安全常识的活动来提升策划能力和组织能力，还需要通过对活动的总结来提升发现问题、分析问题、解决问题的能力及综合运用信息的能力。

活动安排

活动一：安全知识大看台
活动二：安全隐患我发现
活动三：安全行，我策划
活动四：我是安全小卫士

活动一：安全知识大看台

一、活动目标

1. 了解生命的可贵，掌握有关交通安全、日常生活安全和人际交往安全的知识，增强安全意识。

2. 以"增强安全意识，提高自我保护能力"为指导方针，切实加强安全教育与管理。

3. 认识生命的意义，在自我体验中发挥潜能，丰富自我生命，提升生命价值。

二、活动准备

学生以小队为单位，准备相应的展示资料。

三、活动过程

（一）谈话导入，小队亮相

师：同学们，欢迎来到"安全知识大看台"活动的现场。今天我们请到了五年级（1）班的45个小嘉宾，大家掌声欢迎。接下来，这45个小嘉宾将进行激烈的角逐。先请各小队嘉宾们做30秒以内的自我介绍。

各小队亮相：展示队名、口号。

【设计意图】课始亮相，让学生做好思想准备。

（二）小队汇报，丰富拓展

各小队轮流上场，汇报小队研究成果。教师注意小队汇报中生成的资源，及时捕捉、运用，引导学生互动。

1. 第一小队：交通规则来"找茬"。

第一小队出示违反交通规则的图片，让其他学生来"找茬"。

教师介入：针对大家找出的这些违反交通规则的行为，你们会怎么办呢？

2. 第二小队：交通标志大抢答。

第二小队组织全班学生进行交通标志知识抢答。

3. 第三小队：生活隐患我汇报。

第三小队利用课件展示生活中的安全隐患。

教师介入：同学们真是有心人，原来我们的身边存在这么多安全隐患。老师想知道，下一步你们准备做什么？

4. 第四小队：不要轻易相信陌生人。

第四小队表演小品《不要轻易相信陌生人》。

5. 第五小队：陌生人搭讪要注意。

播放诱拐儿童的电影片段。

第五小队组织全班学生讨论：面对陌生人的诱惑，还没有辨识能力的儿童该怎么做，列出具体策略。

6. 教师总结：刚才同学们以小队为单位精彩地呈现了自己的学习成果。听了大家的分享，老师感受颇多，深深觉得，安全警钟需要时时敲响。同学们也一定有了新的收获，能与大家交流一下吗？

学生在教师的引导下交流心得和收获。

【设计意图】在研究性学习的过程中，学生获取和整理资料的能力、与他人合作的能力、口语表达能力都得到提高。

（三）畅谈收获，聚焦延伸

师：通过这次班队会，同学们掌握了一些安全防护知识。上下楼梯不能拥挤，应文明谦让，靠右行走；遇到陌生人不能随便跟他走；遇到火灾应及时拨打119电话；不能随便服用药物……在本次活动中同学们都表现得很积极，使这次班队会开得很有意义、很成功。希望能通过这次活动进一步增强我们的安全意识和自我保护意识，愿平安永远伴随着我们！

四、资料共享

交通安全知识题库

（一）综合知识篇

1. 中小学生安全教育日是每年的哪一天？
2. 我国交通事故报警求救电话是什么？
3. 很多小学生放学过马路都戴着什么样的帽子？
4. 《中华人民共和国道路交通安全法》总共有多少条？
5. 在中国，每天近100名0至14岁儿童因交通意外死亡或受伤，你知道儿童骑自行车发生的交通事故伤害在所有涉及儿童的交通事故伤害中排第几位吗？
6. 交通信号一共有几种？分别是什么？
7. 交通信号灯有哪几种？
8. 必须年满多少岁才能驾驶自行车、三轮车？
9. 我省开展"文明交通进校园"活动的主题是什么？
10. 你知道我省正在开展的为期三年的大型文明交通活动的全称吗？

11. 你知道发生交通事故后应该怎么办吗？
12. 如果小学生发生了交通事故，要特别注意什么？

（二）文明走路篇

13. 行人在道路上行走时，必须走哪一边？
14. 在没有人行横道的道路上，行人应当如何行走？
15. 红绿灯的含义是什么？
16. 行人准备横过道路时，要等红绿黄哪个灯亮时通过最安全？
17. 学校门前的道路没有行人过街设施，应该怎么办？
18. 在有人行横道或过街设施的路口、路段，行人应当怎样通过？
19. 行人可以进入高速公路吗？
20. 没有交通信号的人行道怎么通过才安全？
21. 小明要横过街道去找接他放学的妈妈，这时有一辆汽车驶来，最安全的做法是什么？
22. 没有人行横道的路口怎样通过才安全？
23. 小明在通过人行横道线前，看到人行横道红灯亮了，应该怎样做？
24. 在设有交通隔离设施的路段，小芳过街时确认安全后跨越，这样做对吗？
25. 小明想通过没有交通信号灯的人行横道，见一辆汽车开了过来，但车速很慢，于是小明急忙向马路对面跑过去，他这样做对吗？
26. 走路时哪些情况很危险？
27. 你知道怎样安全通过铁路道口吗？
28. 行人在路口看见交通警察指挥手势与信号灯指示不一致，这时应该怎样做？
29. 同学们在道路上列队通行时，每横列的同学不得超过几人？
30. 你知道下雨的时候怎样安全走路吗？
31. 炎热的夏天，明明看见洒水车在工作，于是他跑到洒水车下痛痛快快地"洗了个澡"，他这样做对吗？
32. 刮风了，小明怕迷了眼睛，于是他倒着往家走，他的做法对吗？
33. 冬天寒风凛冽，行人戴上了帽子和口罩，有人把自己的整个头都遮了起来，这样做对吗？
34. 路面结冰了，同学们在马路两侧的冰面上开心地玩了起来，这样做对吗？

（三）安全乘车篇

35. 你能列举出哪些文明乘车行为？
36. 乘坐摩托车时要戴头盔吗？
37. 搭乘出租车时，应在哪里打车？
38. 乘坐汽车时的注意事项你能说出几项？
39. 小明坐在汽车里吃雪糕时把雪糕的包装纸扔出了车窗，他的做法对吗？
40. 爸爸开车的时候，小明趴在副驾驶的车门上，挡住了后视镜，他这样做对吗？
41. 周末小明要和爸爸妈妈去公园玩，你认为最佳的出行方式是什么？
42. 你知道汽车里哪一个座位是最安全的吗？
43. 坐车时应该系上安全带吗？
44. 爸爸开车带着小明出去吃饭，结果爸爸一高兴喝了很多酒，可他非要开车回家，小明应该怎么办？
45. 小明的个子很小，妈妈抱着他坐在副驾驶的位子上，这样做安全吗？
46. 过年了，爸爸买了好多鞭炮，想乘长途客车把鞭炮带回老家，这样可以吗？
47. 爸爸在开车，小明却一直吵着要爸爸陪他玩，小明做得对吗？
48. 如果你看见爸爸妈妈有违反交通法律法规的情况，你会怎么办？

（四）交通标志篇

将下面的交通标志图与它对应的含义连起来。

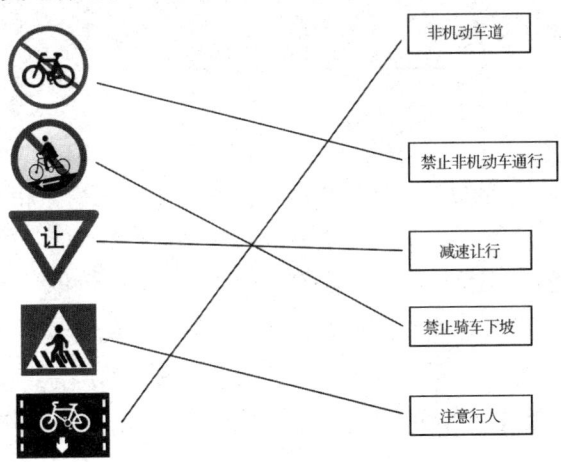

活动二：安全隐患我发现

一、活动目标

1. 认识到安全工作与自身息息相关，把安全意识融入行动之中。
2. 提高团队协作与分工的能力，进一步加强小队的建设。

二、活动准备

学生以小队为单位，进行为期一周的安全隐患调查，填写《安全隐患调查表》。

班级		小队名称	
成员			
学校安全隐患我发现：			
家庭安全隐患我发现：			
社区安全隐患我发现：			

三、活动过程

（一）谈话导入，明确目的

师：同学们，继上次"安全知识大看台"活动之后，相信大家已经积累了很多的安全小知识。课前，老师也布置各小队带着一双发现问题的眼睛，去寻找校园、家庭、社区中的安全隐患。从同学们收集的资料中，我发现大家都热情满满，非常认真地完成了一周的寻找活动。本次活动，就是大家各显身手的时候了，各小队要详细呈现你们的调查情况。

【设计意图】在活动伊始就让学生明确活动目的，以便后续活动的开展。

（二）小队汇报，集思广益

各小队派代表以课件展示与语言解说相结合的方式向全班汇报一周所观察到的安全隐患。小队代表汇报完毕，其他队员做补充。

以小队为单位，从课件制作、内容完善度、汇报语言的流畅性等方面来评析，评出各小队心目中的 Perfect Team。最后教师进行汇总、评选。

【设计意图】这是本次活动的主要环节，在小队自主汇报的过程中，让学生感知生活中存在的安全隐患，提高学生的语言表达能力。

（三）教师总结

师：刚才同学们的汇报真精彩，老师还意犹未尽。让老师特别欣赏的是，大家不仅指出了存在的安全隐患，还提出了相应的解决策略。这是老师之前没有想到的，说明大家已经具备了发现问题、分析问题、解决问题的能力。安全隐患与我们息息相关，时时刻刻关系着我们的生命，我们亟待树立起安全意识，排除身边的安全隐患，为我们幸福地生活保驾护航。

活动三：安全行，我策划

一、活动目标

1. 提升策划与组织活动的能力、团队合作能力、总结反思能力。
2. 激发成就感和自豪感，增强为他人服务的意识。

二、活动准备

学生以小队为单位，了解在学校、社区中可以宣传安全知识的地点和途径。

三、活动过程

（一）回顾前期调查发现

师：同学们，前期我们已经发现了日常生活中的许多安全隐患，并对此进行了系统的归类，大家还记得吗？现在请各小队派出一名代表来说一说有哪些需要注意的安全隐患。

【设计意图】通过对前期日常安全隐患的回顾，加深学生的理解，激发学生本次策划活动的积极性，为下面的策划、宣传活动做好充分的准备。

（二）策划行动方案

以小队为单位，策划宣传地点、宣传途径。

1. 确定宣传地点。

（1）低年级宣传小队。

（2）中、高年级宣传小队。

（3）玲珑社区宣传小队。

（4）九洲花园宣传小队。

（5）祥龙苑宣传小队。

（6）龙栖花园宣传小队。

2. 设计具体方案。

小队名称	宣传地点	宣传时间	宣传方式	宣传具体内容	人员分工

（1）学校（周一至周五）——利用广播站、宣传画等。

（2）社区（周六、周日）——利用社区讲堂表演相关小品、联系社区工作人员配合宣传等。

【设计意图】学生在经历完整的策划活动过程中，增强了合作意识，提高了策划、组织的能力，培养了团队合作精神。

（三）小队汇报活动方案

各小队汇报活动方案，其他小队对其进行评价、完善。

教师强调活动中的注意事项：文明出行、友善交流等。

【设计意图】特别提出活动中的注意事项，为本次策划活动画上圆满句号。

（四）总结延伸

师：本次策划活动，大家都表现出了很高的积极性，用你们的智慧为学校、家庭、社区的安全出了力。在接下来的自主活动中，请各小队积极组织好，老师期待看到你们的精彩表现。

活动四：我是安全小卫士

一、活动目标

1. 能根据前期的小队策划方案进行安全常识宣传。

2. 能将在安全常识宣传实践中的体会进行分享，在分享中聚焦解决问题的策略，提升思维品质。

3. 通过小队前期实践活动及汇报活动，提升团队合作能力。

二、活动准备

1. 教师制作课件，准备每个小队进行安全常识宣传活动的照片。

2. 学生以小队为单位，准备相应的展示资料。

三、活动过程

（一）谈话导入

师：同学们，前期有的小队走进其他年级，有的小队走进社区，进行了安全常识宣传活动。

出示每个小队进行安全常识宣传活动的照片，每个小队一张。

师：据我了解，各个小队在活动中都有了很多的收获，下面就让我们来一起分享各小队的收获。

【设计意图】以前期活动的照片唤起学生对本次汇报活动的热情，为下面的汇报做好热身准备。

（二）小队汇报

1. 小队汇报。

各小队轮流上场汇报小队实践成果（包括感到自豪的事情、遇到的困难、新的发现、感到遗憾的事情等）。

教师注意各小队汇报过程中出现的资源，并及时捕捉、运用，引导生生互动。

（1）低年级宣传小队（图片、数据、故事表演）。

（2）中、高年级宣传小队（图片、三句半、邀请其他同学谈感受）。

（3）玲珑社区宣传小队（故事讲述、图片展示、数据汇总）。

（4）九洲花园宣传小队（舞台剧表演）。

（5）祥龙苑宣传小队（数据汇总）。

（6）龙栖花园宣传小队（现场采访视频呈现）。

2. 交流收获。

师：刚才各小队谈了在实践活动中的收获。听了各小队的分享，你一定有了新的收获，能与大家交流一下吗？

学生在教师的引导下交流心得和收获。

【设计意图】在进行实践成果汇报的过程中，学生对实践过程的认识、反思能力都会有所提升，对其今后的思维品质、团队合作能力的发展具有促进作用。

（三）总结延伸

师：同学们，在本次汇报活动中，我们分享了成长路上的艰辛与乐趣，还擦出了智慧的火花，收获了满满的幸福。期待在下次的小队活动

中,大家能多动脑,多商量,获得更多的精彩。

【设计意图】总结本次活动,为后期其他小队活动指明努力方向。

第二节 志愿者进社区

主题目标

1. 积极参与集体活动,学会与人平等交流。
2. 提升策划与组织活动的能力、团队合作能力、汇报交流能力、总结反思能力。
3. 提升发现问题、探究问题归因、根据现有条件寻找解决问题的策略的能力,明晰策划的方法与过程,同时提升小队合作探究的能力。
4. 在观察、发现、调查的同时,审视自己的行为,增强"文明我先行"的意识,在自我教育的基础上关注身边的文明。

主题背景

用生命谱写的志愿者之歌是值得每个人传唱的。其实,在社会大家庭中处处都有志愿者的身影,正是因为有他们的付出,社会才变得和谐、温馨,学生应该学习这种关爱他人、服务社会、奉献社会的精神品质。在现代社会中,社区是社会必不可少的组成部分,志愿者进社区是志愿者活动的新标杆。

学情分析

五年级的学生呈现出良好的发展状态:男女生之间和睦相处,学生的自主能力较强,视野比较开阔,他们不仅关心班级,关心学校,还把视野投向广阔的社会空间。他们居住在社区中,对社区的情况较为了解,于是便将目光停留在社区志愿服务上。因此,应带领他们走进社区,感受志愿服务的乐趣,从而习得文明礼仪,传承中华传统美德。

活动安排

活动一:行动方案策划

活动二:小队自主行动

活动三:缤纷冬日,精彩延续

活动四：道德讲堂，志愿接力

活动一：行动方案策划

一、活动目标

1. 了解与志愿者相关的知识，激发和培养奉献精神，体验服务他人的乐趣。

2. 尝试策划一次志愿者服务活动，提高组织、策划活动的能力及团队协作能力。

二、活动准备

教师制作课件，准备2008年北京奥运会志愿者宣传片、中国青年志愿者标志的图片、歌曲《志愿者之歌》音频、《志愿服务计划表》。

三、活动过程

（一）欣赏视频，激趣导入

师：2008年，是让多少人热血沸腾、心潮澎湃的一年！这是为什么？因为在这一年里，在首都北京举行了奥运会，中国获得的金牌数位居榜首，见证了一个拥有古老文明和现代风范的民族对奥林匹克精神的崇尚。数不胜数的志愿者聚集在一起，积极地宣传，用他们的实际行动来支持这次伟大的盛会。就让我们一起去感受这些志愿者的风采吧！

播放2008年北京奥运会志愿者宣传片。

师：看了这个视频后，你了解志愿者了吗？请你来说一说对志愿者服务的感受。

学生畅谈感受。

（二）了解志愿者

出示中国青年志愿者标志的图片。

师：标志的整体构图为心的造型，同时也是英文"青年"一词的首字

母 Y 的形状；图案中央既是手也是鸽子的造型，寓意中国青年志愿者向社会上所有需要帮助的人们奉献一片爱心，伸出友爱之手，面向世界，奔向未来，体现了青年志愿者"热心献社会，真情暖人心"的主题。

学生随着音频学唱歌曲《志愿者之歌》。

了解志愿者精神：奉献、友爱、互助、进步。

了解志愿者重要节日：国际志愿者日为12月5日，中国青年志愿者服务日为3月5日，全国助残日为5月20日。

师：志愿者能做什么？

（1）大型活动志愿者：大运会、奥运会……

（2）帮扶弱势群体：支教、助残、敬老。（中小学生更多的是进行敬老志愿服务）

（3）社区服务。（给定主题，志愿者自行开展大型服务活动）

师：你还知道哪些热心为社会服务的志愿者的感人故事？请你上台讲一讲。

（三）小队讨论，设计方案

以小队为单位讨论志愿服务方案，完成《志愿服务计划表》。

讨论完毕，各小队派代表汇报，共同商议方案的可行性。

【设计意图】以小队的形式进行讨论交流，聚焦"我能做什么"的问题，为后续社区志愿活动做好铺垫。

（四）总结延伸

师：这节课我们一起了解了有关志愿者的各类信息，并制订了符合我们班实际情况的志愿服务方案。俗话说："良好的开端是成功的一半。"我们的计划都制订得这么详尽了，相信在后期的实施过程中，我们还能不断地进行完善，让它变成一份真正适合我们、真正有效的志愿服务方案。

四、资料共享

（一）志愿者的感人故事

可爱的志愿者——赵连鹏

"您好！我是奥运志愿者，请问您需要什么帮助？"奥运会期间，在熙熙攘攘的沈阳站候车大厅中，每天都能听到一名声音嘶哑的小伙子在不断重复着这句话，他就是闻名全国的愿者——赵连鹏。

赵连鹏无偿献血已有多年历史了，每隔28天他就要去沈阳中心血站捐献一次机采血小板。在他的影响和带动下，他的很多亲朋好友都加入了无偿献血的队伍，组成了一个无偿献血"亲友团"。

汶川地震震动了全国，也震碎了赵连鹏的心。为了安心到四川救灾，他毅然辞去待遇优厚的工作，参加了辽宁省红十字会组织的赴灾区救援活动，历经9天圆满完成任务。

奥运会期间，他又顶着烈日为安保工作奉献着爱心。每当有记者想采访他时，他总是露出憨厚的笑容，用嘶哑的嗓音说："不要采访我，我不是为了出名。"

这就是可爱的志愿者，这样的志愿者还有很多。在这个以爱为名的队伍中，他们模糊了身份地位，模糊了年龄，有的只是奉献的快乐、温暖的传递、信念的坚持、行动的力量。如果用心，你会发现志愿者就在你我身边。

可敬的志愿者鼻祖——雷锋

雷锋可以说是志愿者队伍中的鼻祖啊！1960年8月，驻地抚顺发洪水，运输连接到了抗洪抢险命令。雷锋忍着因参加救火工作而被烧伤的疼痛，和战友们在上寺水库大坝连续奋战了七天七夜，被记了一次二等功。望花区召开大生产号召动员大会，声势很大，雷锋上街办事时正好看到这个场面，他取出自己攒的200多元钱跑到望花区党委办公室要捐献出来为建设祖国做点贡献，接待他的同志实在无法拒绝他的这份情谊，只好收下一半。另100元在辽阳遭受百年不遇的洪水之时，捐献给了辽阳人民。

（二）《志愿服务计划表》

小队名称	
设计口号	
订立目标	
活动地点	
活动主题	
小队分工	

活动二：小队自主行动

一、活动目标

1. 更好地了解、认识、关爱普通人，尤其是弱者，培养爱心、同情心。

2. 培养与人相处、共事、合作的能力。
3. 培养人际交往能力。

二、活动准备

学生按自己的兴趣自由组合成两个大组六个小队。

三、活动过程

本次活动时间为一个月。学生先分组开展活动，再收集资料，写活动总结，然后用两节课的时间进行活动成果展示，最后根据活动内容及感受选材作文。

（一）第一大组活动：让校园充满爱

观察：在我们学校，有哪些人值得我们去关爱？他们或因学习方法不当而成绩不理想，或因家庭环境不好而内心痛苦，或因外形不佳而自惭形秽，请你将他们找出来，列出清单。

讨论：怎样针对这些人的具体情况给予切实的帮助？制订具体可行的方案。

小队行动：根据制订的方案采取行动。

活动收获总结（人人动笔，交给小队长）。

（二）第二大组活动：让社区充满爱

观察：放眼社会，把目光投向那些孤寡老人、乞讨人员，观察他们的外表和行为，写一则观察日记。有条件的可到福利院参观。

摘录：关注最近的媒体报道，收集信息，将那些需要关爱和援助的弱势群体的材料摘录下来。

讨论：如何帮助他们？写出具体可行的方案。

本着自愿报名和班级推荐的原则，组成爱心小队，代表全校学生前往福利院开展"送温暖"活动。

（1）爱心小队的队员要积极参与学校统一组织的"送温暖"活动，要能主动为福利院做一些力所能及的事。

（2）爱心小队的队员要利用课余时间排练一些节目，为福利院老人送去欢乐。

（3）爱心小队的队员除了参加学校统一组织的活动外，还可利用节假日定期自主开展活动，经常去看望孤寡老人，为他们服务。

（三）教师活动

1. 对小队长进行指导。

2. 收集能体现爱心的文章、故事、诗歌、名言、名剧、名著。

3. 汇编关于爱的歌曲。

4. 根据学生活动的情况，进一步明确任务，根据反馈信息讲一讲应改进的环节。

活动三：缤纷冬日，精彩延续

一、活动目标

1. 激发成就感、自豪感，产生作为一位社区小公民应该具有的责任意识和主人翁意识。

2. 提升活动策划与组织能力、小队合作能力、汇报交流能力、总结反思能力。

二、活动准备

1. 教师制作课件，准备前期活动照片。

2. 以小队为单位，将寒假的志愿者活动过程整合成各类资料（图片、剧本表演、文字总结等），准备展示。

三、活动过程

（一）导入回顾

师：同学们，在前期活动中，大家围绕"志愿者进社区"的活动进行策划。在一个月的进社区活动中，大家群策群力，积极配合，获得了社区居民的一致好评。接下来，我们就一起来看看活动中那精彩的一幕幕。

出示前期活动照片，带领学生回顾。

【设计意图】回顾前期活动，激发学生参与本次活动的热情。

（二）活动展示

师：下面请各个小队来展示一下你们的活动过程，汇报的过程中可以选择你们喜欢的方式与其他小队进行互动。哪一个小队先来？

各小队展示。

教师适时参与学生讨论，相机介入，点评提升。

1. 精灵清扫队：照片展示、社区证明或录像、诗朗诵。

教师点评。

现场采访小队成员。

2. 给力巡警队：小品表演。

小队长与其他同学互动交流。

教师点评。

3. 新春慰问队：课件展示。

教师强调活动纪律以及遇到突发事件时应如何处理。

4. 星火燎原队：各类代表发言。

（1）与同校不同班的伙伴共同参加活动的代表汇报。

（2）与社区伙伴共同参加活动的代表汇报。

（3）未参加活动的代表发言。

教师介入点评互动。

【设计意图】各小队展示活动成果，在交流互动中激发学生的成就感、自豪感，使学生进一步清楚自己的行动目标，完善自己的行动策略，提升活动策划与组织能力、小队合作能力、汇报交流能力、总结反思能力。

（三）自主申报

师：我们的志愿者队伍还需要参加学校的评选，接下来就进入自主申报环节。

教师根据各小队的实际申报情况，做相应点评。

出示评选标准，从志愿内容是否合适、形式是否贴切、志愿活动是否有效、是否人人参与、现场汇报情况这五个方面进行评选，评出班级"假期之星"与"龙娃假期别动队"。

师：为了在学校评选中胜出，还需大家集思广益，想一想，在申报的过程中我们还需要怎么做？

学生畅所欲言。

（四）交流令人印象深刻的情景

师：同学们，刚才我们在观看各小队汇报时，有没有让你印象非常深刻的一幕？可以是今天现场的，也可以是他们呈现的。

学生交流印象深刻的情景，并说理由。

【设计意图】在交流中，引导学生发现别人的优点，取长补短。

（五）总结，思考后续活动的组织和开展

师：通过今天的汇报与交流，我感受到了大家一个月来的志愿者之旅、志愿者之乐。接下来，要使我们的志愿者生活更贴近社区的居民，我们还要继续努力。

【设计意图】鼓励学生聚焦本次活动中生成的资源，继续调整自己的志愿者行动方案，以求在下次活动中取得更好的效果。

活动四：道德讲堂，志愿接力

一、活动目标
1. 通过对前期活动的总结，梳理出今后可以在社区长期进行的活动项目，并进行有效策划。
2. 培养分析问题的能力及小队合作能力，提升小公民道德素养。

二、活动准备
1. 教师制作课件。
2. 学生以小队为单位，准备相应的展示资料。

三、活动过程
（一）回顾总结

师：同学们，在近期我们开展的"志愿者进社区"系列活动中，大家热情参与，献计献策。不管是具体的志愿者工作，还是上台汇报，大家既能按照策划内容一步步实施，又懂得在具体的活动中变通，老师真为你们骄傲。接下来，我们就一起来听听各小队对前期活动的回顾与总结。

各小队成员呈现前期活动的总结回顾，侧重交流志愿活动中的得与失。

（二）汇报发现

师：从大家深情的回望中，我们都深深感受到了一名志愿者付出的苦与享受的乐，一切都是值得的。现在我们几支志愿队的小小贡献，已经赢得了社区工作人员的一致赞赏，社区居民提到你们时，也都表示你们非常棒。那我们如何把志愿者工作做得更细致、更有效、更能满足每一个社区居民的需要呢？下面就请各小队根据前期做的调查表进行汇报。

1. 各小队展示《前期社区志愿活动需求调查意向表》。

预设：（1）儿童在周末缺少功课辅导和有组织的游戏、阅读活动；（2）部分老人的生活比较单一……

2. 播放采访社区工作人员的视频，听听他们对社区志愿活动需求的意向。

预设：（1）社区部分设施和场所没有得到充分利用，如阅览室、健身室等；（2）社区与有特殊需求的人群的沟通和联系存在一些障碍……

【设计意图】通过调查，将社区各类人群的需求呈现出来，为后续活动指明方向。

（三）分组策划志愿接力活动

师：针对大家调查统计出来的结果，接下来，我们就分小队进行三大项目的策划活动。

1. 策划"道德讲堂"活动。

以社区居委会为基地，定期举办道德讲堂活动，加大居委会与老人、儿童的沟通力度。

小队成员讨论道德讲堂的内容和人员分工。

【设计意图】结合"道德讲堂"活动，满足社区居委会与老人、儿童的部分沟通需求。

2. 策划社区"儿童俱乐部"活动。

小队成员商定：邀请大学生、退休老人做志愿者，安排活动。

3. 策划"小公民孝老在行动"活动。

（1）我们的调查：走近老人，了解现状。

调查研究，了解身边老人的大致情况（包括生活状况、幸福指数、最大的心愿等）。

（2）我们的策划：聚焦问题，明确任务。

设计"孝老"活动，互动讨论。

（3）我们的行动：爱心小队，传递温情。

利用节假日、重阳节、中秋节等特定节日，给社区老人送去一份关怀。

（四）总结延伸，付诸行动

师：同学们，集体的智慧是无穷的。在策划的过程中，大家学会了沟通与交流，才呈现出了如此详尽的安排。后期就期待你们的实际行动了。让我们一起努力，让明天更美好。

四、资料共享

（一）《前期社区志愿活动需求调查意向表》

人群	志愿活动需求	我们的发现
老人		
青年人		
儿童		

（二）活动安排

1. 玲珑花园"道德讲堂"活动安排。

时间	内容	活动地点及学习形式	主要参与人员
2015年3月	跟雷锋叔叔学奉献	玲珑花园集中交流	社区工作人员、居民
2015年5月	做一个诚实守信的人	玲珑花园集中交流	社区工作人员、居民
2015年8月	学身边榜样，做一个有用的人	玲珑花园集中交流	社区工作人员、居民
2015年9月	做一个有责任感、能担当的人	玲珑花园集中交流	社区工作人员、居民
2015年10月	九九重阳节，浓浓敬老情	玲珑花园集中交流	社区工作人员、居民

2. 玲珑花园"儿童俱乐部"活动安排。

序号	活动时间	活动内容	辅导教师
1	周六8点—10点	法制讲堂	社区安全科科长
2	周六8点—10点	环保实践活动	社区环保部门工作人员
3	周六8点—10点	经典诵读	退休语文教师
4	周六8点—10点	学唱革命歌曲	退休音乐教师
5	周六8点—10点	剪纸艺术	退休教师
6	周六8点—10点	儿童心理健康讲座	心理学教师
7	周六8点—10点	科技小制作	大学生
8	周六8点—10点	学习扎风筝	民间艺人
9	周六8点—10点	为"五保"老人献爱心	社区工作人员
10	周六8点—10点	科普知识讲座	社区工作人员
11	周六8点—10点	乒乓球爱好者培训	学校体育教师
12	周六8点—10点	篮球爱好者培训	学校体育教师

第三节　缅忠魂，明荣辱

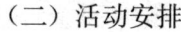
主题目标

1. 能全面了解清明节，深切感受清明节的文化内涵，过一个有意义的清明节。

2. 了解中华民俗、风情和传统美德，增强对孝悌、慎终追远、民德归厚的理解。

3. 在缅怀革命先烈丰功伟绩的基础上，继承先烈遗志，发扬革命精神，珍惜现在的美好生活。

4. 增强对传统文化的认同感，热爱中华民族的优秀文明成果，能传播、弘扬优秀传统文化。

主题背景

清明节是中华民族的一个重要的传统节日，这一天既是祭祖和扫墓的日子，也是郊游踏青的好时光。清明节这个中国传统节日已被列入国家级非物质文化遗产保护名录，还被列入国家法定假日，这体现了我国对传统民俗节日的重视。

学情分析

现在的学生生活安逸，对传统文化知识所知甚少，清明节的来历、风俗、文化内涵等，他们都不太了解。他们认为祭祖是老人的事，甚至认为这是封建迷信活动，扫墓则是出游的幌子。针对他们缺乏对传统文化的感知、对感恩思源精神的实践这一现状而召开的本次主题活动很有必要。

活动安排

活动一：我眼中的清明

活动二：扫墓在行动

活动三：缅怀革命先烈，弘扬革命精神

活动一：我眼中的清明

一、活动目标

1. 能全面地了解清明节，深切感受清明节的文化内涵，过一个有意义的清明节。

2. 了解中华民俗、风情和传统美德，增强对孝悌、慎终追远、民德归厚的理解。

3. 增强对传统文化的认同感，热爱民族文化，能主动地传承民族文化、弘扬民族文化。

二、活动准备

1. 教师制作课件。

2. 学生以小队为单位，准备相应的展示资料。

三、活动过程

（一）儿歌引入，引出清明节

1. 了解节气，读《二十四节气歌》。

师：同学们，今天老师为大家准备了一首儿歌，大家一起来读一读：春雨惊春清谷天，夏满芒夏暑相连，秋处露秋寒霜降，冬雪雪冬小大寒。这首儿歌的名字叫作《二十四节气歌》。节气指二十四个时节和气候，是中国古代订立的一种用来指导农事的补充历法，也是中国古代劳动人民长期经验的积累和智慧的结晶。

2. 引出清明节，说说对清明节的了解。

师：同学们是否能够猜出二十四节气中的"清"指的是什么？（清明）每年4月4日、5日或6日是清明，它是我国农历二十四个节气中的一个，为了纪念革命先烈和逝世的亲人，人们往往在这一天扫墓。

【设计意图】通过节气引入清明节，让学生对清明节的由来有更加深入的了解，为接下来的活动做准备。

（二）小队汇报，聚焦收获

1. 了解清明节的来历。

师：课前各个小队已经对清明节进行了研究。同学们不仅收集了一些资料，还做好了汇报的准备。首先请第一小队的同学为我们汇报。

第一小队汇报清明节的来历。

师：听完他们小队的汇报，同学们有何感想和收获呢？

学生谈感想和收获。

2. 了解清明节的诗画。

师：清明节浓缩了我国悠久的传统文化历史，接下来请第二小队的同学带我们一起了解一下清明节的诗画吧。

第二小队汇报关于清明节的诗画。

师：让我们跟着他们一起读读这两首诗吧。

全班齐读。

清　明

（唐）杜牧

清明时节雨纷纷，

路上行人欲断魂。

借问酒家何处有？

牧童遥指杏花村。

途中寒食

（唐）宋之问

马上逢寒食，途中属暮春。

可怜江浦望，不见洛桥人。

北极怀明主，南溟作逐臣。

故园肠断处，日夜柳条新。

第二小队出示《清明上河图》图片并介绍：同学们刚刚看到的是《清明上河图》，是中国十大传世名画之一，为北宋画家张择端仅见的存世精品，属国宝级文物，现藏于故宫博物院。该画生动地记录了中国12世纪北宋汴京的城市面貌和当时社会各阶层人民的生活状况。它是汴京当年繁荣的见证，也是北宋城市经济情况的写照。

3. 了解清明节的活动。

师：人们在清明节期间都有哪些传统活动呢？请第三小队来介绍一下。

第三小队介绍清明节的活动。

教师总结： 清明节的习俗是丰富而有趣的，讲究禁火、扫墓，还有踏青、荡秋千、蹴鞠、打马球、插柳等一系列风俗体育活动。相传这是因为清明节要禁火吃寒食，为了防止寒食冷餐伤身，所以大家来参加一些体育活动，以锻炼身体。因此，这个节日中既有祭扫新坟生离死别的悲酸泪，又有踏青游玩的欢笑声，是一个富有特色的节日。

4. 了解清明节的美食。

师：中国的大多数节日都与吃有关，清明节这个特殊的节日有哪些特殊的美食呢？请第四小队来汇报一下。

第四小队播放制作青团的视频，现场制作青团，全班品青团。

【设计意图】 让学生在收集、准备资料和不同形式的展示中，从各个角度了解清明节，深切感受清明节的文化内涵。

（三）总结延伸

1. 总结。

师：这节课同学们从各个角度深入了解了清明节。接下来请同学们谈谈本次活动中哪些方面还需要改进。

生：我们队的成员分工不是很合理，下次口才比较好的同学可以负责汇报时的介绍，细心一些的同学可以负责资料的整理。

师：看来在下次活动中我们的小队长需要对分工情况做进一步的细致思考，要了解小队成员的真实想法，与成员进行沟通、协调。

生：我觉得我们队有些成员对自己的工作认识不清，不知道自己负责的工作要做到什么程度，所以我们在整合资料时发生了一些混乱。

师：你们觉得怎样才能在下次活动时避免出现这种情况？

生：小队长和其他成员可以对认识不清的成员进行解释，还可以指导他具体应该怎么做。

师：对呀，这就是合作。

2. 延伸。

师：清明节即将到来，作为新时代的学生，你准备怎样过这个节呢？

生：我也想尝试做青团，与亲戚朋友分享。

生：我想我们可以在班上开展一次清明诗画竞赛。

生：我想跟爷爷奶奶回老家扫墓，听他们讲讲祖辈的故事。

生：我听说龙虎塘潘墅也有烈士纪念碑，我们班可以集体去扫墓。

……

师：大家提出的建议都可行，期待看到你们的行动哦！

【设计意图】总结本次活动，为后期其他小队活动指明方向。

活动二：扫墓在行动

一、活动目的

1. 通过祭扫烈士墓活动，了解中华人民共和国的历史，激发对革命先烈的崇敬之情，从而珍惜由无数革命先烈用鲜血和生命换来的幸福生活。

2. 了解中国共产党的历史和光荣传统，增强热爱党、拥护党的意识，激发为实现中国梦而不懈奋斗的信念和行动。

3. 通过徒步行走、旗手培训、讲述烈士故事等活动激发参与活动、融入活动的积极性，培养坚毅的品质。

二、活动准备

1. 学校准备花圈、音响、笔记本电脑、手持话筒、校旗、大队旗、中队旗、常用药、照相机，以及出旗、退旗、队歌、红歌、哀乐伴奏带；挑选大队旗手1名（男），护旗手2名（女生），由大队部负责培训；挑选、培训主持人和讲故事人员；安排拍摄人员。

2. 各班学唱一首歌颂革命烈士的歌曲，练唱队歌；推荐中队旗手1个。

三、活动过程

1. 活动时间：4月1日。

2. 活动地点：常州市新北区龙虎塘潘墅革命烈士陵园。

3. 参加对象：五年级教师和学生。

4. 清明扫墓活动流程：

(1) 全体肃立，出队旗，敬礼，唱队歌；

(2) 请少先队员代表向革命烈士敬献花圈；

(3) 全体默哀三分钟，奏哀乐；

(4) 讲述烈士故事；

(5) 学生代表发言（每班选一名，每人两三句话）；

(6) 唱革命歌曲；

(7) 呼号；

(8) 瞻仰烈士墓；

(9) 退旗，敬礼；

(10) 活动结束，全体师生步行返回学校。

5. 活动要求：

(1) 默哀时，要求严肃认真；

(2) 服装统一，学生穿校服，佩戴红领巾；

(3) 唱队歌时声音洪亮，记牢歌词；

(4) 宣誓、呼号时要认真，声音洪亮，吐字清晰；

(5) 听从指挥，遵守纪律，注意安全。

四、资料共享

（一）清明扫墓活动主持词

男：亲爱的同学们！

女：敬爱的老师们！下午好！

男：鸟鸣花开，阳光照苍柏，又是一年清明时。

女：我们满怀崇敬的心情，来到庄严肃穆的烈士纪念碑前，纪念为我们今天的幸福生活英勇献身的革命烈士。

男：寄托我们的哀思，激扬我们的斗志。我宣布：龙虎塘实验小学"缅忠魂，承先志，明荣辱"清明扫墓活动现在开始！

女：全体肃立！出队旗！敬礼！唱队歌！（学生出队旗、敬礼、唱队歌）

男：为了祖国的解放和人民幸福美满的生活，有多少革命先烈长眠于地下。

女：历史不会忘记他们，国家不会忘记他们，我们更不会忘记他们。

男：请少先队员代表向革命烈士敬献花圈。（学生敬献花圈）

女：让我们向革命烈士致以深深的哀思。（全体默哀三分钟，奏哀乐）默哀完毕！

男：曾几何时，中国以先进的科学和灿烂的文化屹立于世界民族之林。

女：而近百年黑暗与屈辱的历史，又将她推向深渊。

男：为了改变这一切，多少仁人志士在苦苦探索与奋斗中献出了宝贵的生命。

女：在中国共产党的领导下，烈士们的鲜血点亮了中国的希望。

男：请五年级（1）班的少先队员给我们讲讲革命烈士的奋斗故事吧。（学生讲述烈士故事）听了革命先辈们浴血奋战的事迹，此时此刻，你们的心头一定涌起了千言万语吧。请各中队代表发言。（学生谈感受）

女：每一位烈士的故事都是一段激情燃烧的历史。

男：是一首可歌可泣的生命赞歌。

女：少先队员们，让我们也给长眠于此的革命先辈们唱首歌吧！唱出我们为祖国奋斗的决心！（学生唱革命歌曲）

男：请大家喊出我们心中的愿望吧！（学生呼号）

女：请各中队排好队瞻仰烈士墓。（学生瞻仰烈士墓）

男：退旗，敬礼。本次活动到此结束！

（二）清明扫墓活动照片

（三）清明扫墓活动报道

缅忠魂，明荣辱，承先志

——记龙虎塘实验小学五年级师生清明扫墓活动

4月1日，一个阳光明媚的日子，在龙虎塘实验小学少先队大队辅导员徐文英老师的组织下，五年级全体少先队员步行前往位于新四路的潘墅革命烈士陵园，进行了"缅忠魂，明荣辱，承先志"的清明扫墓活动，接受了一次深刻的爱国主义教育。

中午12点50分，龙虎塘实验小学的校门口一面面队旗迎风招展，五年级各班的少先队员们在班主任的带领下，开始了约50分钟的徒步行走，排着浩浩荡荡又整齐的队伍向潘墅革命烈士陵园出发了。到达目的地时，同学们虽然已经大汗淋漓，但还是排着整齐的队伍举行了庄严肃穆的扫墓仪式。首先，少先队员代表向大家讲述了潘墅激战中一位位革命英雄的故事，先烈们悲壮的事迹打动了在场的每一个人，那些陌生而又熟悉的名字深深地印在了队员们的心中：身负八处重伤仍坚持与敌人殊死拼搏直至献出年轻生命的瞿钦民教导员；身先士卒，带领队员冲锋突围，在身负重伤的情况下还念念不忘战友安危的王太山副连长；身负重伤仍顽强地挺起腰杆用尽最后的力气与敌人同归于尽的石太成排长……队员们发表了自己的感想，纷纷表示会珍惜现在来之不易的幸福生活，继承优良革命传统，努力学习，报效祖国。随后，同学们高歌一曲《红星歌》，以表达今后继承革命先辈遗志的决心和信念。最后，在同学们一声坚定的"时刻准备着！"的呼号声之后，全体队员瞻仰了革命烈士墓，细细了解了墓碑上记录的那些气壮山河的英雄事迹。本次扫墓活动对全体五年级的少先队员来说是一堂生动而特殊的课。

下午3点20分，队旗依然迎风飒飒。满载着特殊课堂带来的收获，队员们迈着坚定的步伐踏上了返校的路程。

活动三：缅怀革命先烈，弘扬革命精神

一、活动目标

1. 了解革命先辈的奋斗历史，增强国家认同感和公民使命感。
2. 在革命精神的激励下，努力学习，全面发展，树立为实现中国梦而不懈奋斗的理想。

二、活动准备

1. 教师制作课件，准备电影《狼牙山五壮士》视频片段、抗震救灾图片。
2. 学生以小队为单位，准备相应的展示资料。

三、活动过程

（一）影片导入，引出革命精神

师：同学们，还记得上周我们去革命烈士陵园扫墓时听过的那些故事吗？像那样的感人故事还有很多很多，狼牙山五壮士的故事听过吗？请大家一起跟随老师回顾一下那气壮山河的时刻。

播放电影《狼牙山五壮士》视频片段。

出示精彩文字：五位壮士屹立在狼牙山顶峰，眺望着群众和部队主力远去的方向。他们回头望望还在向上爬的敌人，脸上露出胜利的喜悦。

师：为了纪念这些为新中国成立抛头颅、洒热血的革命先烈，田汉写下了《义勇军进行曲》，象征着中华民族的坚强斗志和不屈精神永远不会

被磨灭，这首歌就是我们的国歌。请全体起立，齐唱国歌。

学生唱国歌。

揭题：缅怀革命先烈，弘扬革命精神。

【设计意图】通过观看革命影片和唱国歌，带领学生进入革命战争的情景，感受革命先烈爱祖国、爱人民的情怀以及英勇无畏、坚强不屈的精神。

（二）缅怀先烈，弘扬革命精神

1. 小队汇报，了解革命精神。

师：课前同学们以小队为单位收集了一些资料，并做好了准备，下面就来汇报一下。

第一小队诵读革命诗歌《站在烈士纪念碑前》。

第二小队讲述革命先烈故事《不屈的江姐》。

第三小队展示手抄报，讲解其内容。

第四小队展示革命故事图片（长征、董存瑞炸碉堡等）。

第五小队演唱《游击队歌》。

师：正是因为先烈们的英勇斗争，才有了我们今天的幸福生活，他们的精神将一代代地传承下去。

【设计意图】让学生在小队收集、准备和不同形式的展示中，深深受到革命精神的感染和教育，并产生对革命先烈的敬佩之情，从而产生要学习革命先烈的革命精神的意识。

2. 联系社会，体悟革命精神。

师：告别那个战火纷飞、多灾多难的时代，中国人民迈进了幸福的21世纪，当人民的财产受到威胁时，涌现出了一批批具有革命精神的当代英雄。

出示抗震救灾图片，学生谈感受。

【设计意图】通过展示抗震救灾的图片，让学生知道今天的幸福生活也离不开时代英模的无私奉献，让学生了解不畏艰险、坚韧不拔、艰苦奋斗的精神和为社会主义事业鞠躬尽瘁的献身精神都是革命精神，勇于实践、勇于探索、勇于思考、奋发进取的开拓精神也是革命精神。

3. 研讨体验，践行革命精神。

教师讲述"全国十佳少先队员"杜瑶瑶的故事。

师：请四人一队围绕以下这三个问题展开讨论，待会儿请每队各派一个代表做汇总发言。

（1）你从她的身上看到了什么精神？

（2）举例说说你的小伙伴身上继承了哪些革命精神。

（3）说说你在生活和学习中是怎样弘扬革命精神的。

学生交流反馈。

（三）总结升华，发扬革命精神

师：同学们，通过这节班队课，我们对革命精神有了进一步的了解。让我们从小立志勤奋学习，掌握科学文化知识，准备为祖国、为人民贡献一切，做合格的共产主义接班人。

学生齐唱《我们是共产主义接班人》。

【设计意图】通过本次活动，激发学生弘扬革命精神，从小立志勤奋学习，掌握科学文化知识，准备着为祖国、为人民贡献一切，做共产主义接班人的意识。

四、资源共享

（一）诗歌《站在烈士纪念碑前》

为什么我们的脚步轻轻？
为什么我们的心情沉重？
为什么苍天落泪？
为什么松柏也动情？
这是一所伟大的学校，
播撒着革命的火种。
这是一片圣洁的净土，
安放着先烈的英灵。
……

从井冈山的星星之火，
到抗日战争的滚滚硝烟；
从三大战役的辉煌胜利，
到天安门城楼上第一面五星红旗的冉冉升起……
先烈们斗志昂扬、势不可当。
先烈们视死如归、气贯长虹！
……

枪林弹雨中，
您挺起坚毅的身躯；
硝烟弥漫中，
您发出震天的吼声！
……

热血奏响壮烈的凯歌，
青春谱写光辉的历程。
烈士长存！
丰碑永恒！
忆往昔，
诉不尽我们对烈士无限的崇敬。
看今朝，
唱不完我们对明天无限的憧憬。
……

敬爱的烈士们！
你们虽然长眠不醒，
我们却将你们永记。
……

就让鲜艳的五星红旗为我们作证，
你们未走完的征程将有我们进行！
我们是文明礼貌的人；
我们是勇敢顽强的人；
我们是探索新知的人；
我们是雷锋精神的传人；
我们是共产主义接班人！

（二）革命先烈故事《不屈的江姐》

江姐，即江竹筠，1920年出生于四川省自贡市。她的童年是苦难的，8岁时，母亲带着她和弟弟到重庆讨生活。10岁时，到重庆的织袜厂当了童工。11岁时，进入重庆一所教会办的孤儿院……

童年的遭遇，使她憎恨社会黑暗，也磨砺了她不屈的意志。

1939年，考入重庆的中国公学，秘密加入共产党。

1944年，考入四川大学农学院。

1946年，毕业后回到重庆，参加和领导学生运动。

1947年春，中共重庆市委创办《挺进报》，她具体负责校对、整理、传送电讯稿和发行工作，只几个月的时间，报纸就发行到1600多份，引起了敌人极大恐慌。

1948年6月14日，由于叛徒的出卖，江竹筠不幸被捕，被关押在重庆渣滓洞监狱，受尽了国民党军统特务的各种酷刑，面对敌人的严刑拷打，她始终坚贞不屈。

1949年11月14日，在重庆即将解放的前夕，她被国民党特务杀害，牺牲时年仅29岁。

（三）"全国十佳少先队员"杜瑶瑶的故事

杜瑶瑶被评为"青岛市十佳文明市民"、第三届"全国十佳少先队员"，被《中国少年报》评为"中国好少年"。1994年，中央电视台播出纪录片《杜瑶瑶》。杜瑶瑶8岁时，父亲突然去世，从此，她便担起了照顾患病在床的妈妈和安排自己的生活与学习的重担。凡是妈妈住院的时候，瑶瑶总是陪住在那里，在照顾妈妈之余抓紧完成当天的作业。她不仅照顾妈妈，也经常帮助其他病人打开水，还唱歌跳舞安慰他们，让病人们十分感动。有位病人是教育局老干部，他主动与一个书法班取得联系，让瑶瑶去学习。他为了落实这件事，还专门给瑶瑶所在小学的校长写了信，说："这么好的孩子不成才太可惜了！"谁知，当校长问瑶瑶学习书法的情况时才知道她根本没去，校长批评她说："你不是答应人家去吗？为什么又不去？"瑶瑶的眼圈红了，支支吾吾地回答："我不喜欢书法。"当妈妈知道了这件事后，忍不住默默地流泪了，因为她最清楚，女儿之所以放弃学习书法，不是因为不喜欢，而是因为家里没有钱，女儿又怕大家知道实情后都来捐钱、送东西，只好说了谎话。

第四节　小眼睛看世界

主题目标

1. 培养对自己的学习状态进行审视的意识和习惯，能根据不同情境和自身实际选择或调整学习策略和方法。

2. 理解和尊重世界文化的多样性和差异性，积极参与跨文化交流，培养发现美、感知美、欣赏美、评价美的意识和能力，学会兼容并包。

3. 能针对自己感兴趣的内容自觉、有效地获取、评估、鉴别、使用信息，并进行比较深入、有计划的研究，形成自己的研究成果，提升思维品质。

主题背景

"介绍世界名城"是苏教版语文五年级下册第四单元的口语交际内容，围绕着这一单元主题"世界各地"，这一单元课文介绍了埃及、维也纳等地，学生学完后意犹未尽，又自己进行了一番探索，以上传课件的形式在班级群中进行展示。尽管教师之前也有一些引领、指导，如引导学生从多个方面去介绍一座城市，并注意体现其特色和亮点，但是，前期学生个人的研究呈现出介绍没主题，多为散点状的问题，往往只是呈现大段大段的文字资料，令人看得索然无味，更别提互动了。游什么？怎么游？都需要在教师的引领下好好策划，更需要进行合理的规划及有效的合作。

而就学校的大型活动而言，本届诗意文化节提倡师生以广义的"阅读"为路径，通过读纸质书、电子书、无字书等，为学生打开认识世界的多扇窗户，使学生通过实践感悟阅读的多重功能，激发学生广泛阅读的兴趣，并能知行合一。本次围绕"畅游世界名城"展开的"小眼睛看世界"活动通过阅读搭建了语文与德育课程综合融通的平台，符合促进学生成长的需要。

学情分析

五年级学生的自我意识有所增强，能够比较理智地分析问题，客观地评价他人，但是对自己的不足还认识得不够，当受到负面评价时，虽然内心往往认同对方的评价，但仍然会矢口否认，从而引发矛盾。性格相合和兴趣相投的学生喜欢待在一起，经常一起交流，开始逐渐形成稳定的非正式群体。在活动中能有意识地规范自己的行为，自行策划组织活动的能力有所提高，但是在活动中往往会出现这样的问题：在合作中遇到困难时容易出现焦虑情绪，成员之间分工不够明确，部分小队长和成员的责任心不强。

活动安排

活动一："游"名城，我们关注——童眼看中国

活动二："游"名城，我们创意——策划方案

活动三："游"名城，我们行动——展示成果

活动四："游"名城，我们完善——总结得失

活动一："游"名城，我们关注——童眼看中国

一、活动目标

1. 开阔视野，增进对祖国多元文化的了解。

2. 逐步明确介绍名城的视角和小队合作方法，激发运用丰富的表现形式展示学习成果的意识。

3. 提高审美能力，提炼介绍名城的评价标准。

二、活动准备

1. 教师制作课件，准备前期小队介绍中国名城时的照片。

2. 学生共分为八个小队，每两个小队为一组，汇报一个中国城市；每个小队根据汇报内容出两道考核题。

三、活动过程

（一）回顾中国名城介绍，激发探究兴趣

师：在前几天的午间微课程中，我们八个小队给大家介绍了四个中国名城。

出示前期小队介绍中国名城时的照片。

师：相信大家都对这些名城有了不同程度的了解。接下来，各小队要考考大家，敢不敢接受挑战？

各小队分别给大家出考核题，其他学生答题。

【设计意图】通过对前期介绍内容的回顾，检测学生的倾听质量，激

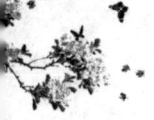

发学生继续探究名城的兴趣。

（二）借助分享，明确介绍视角

师：看来大家的收获真不少啊！看了每个小队的中国名城介绍，你最感兴趣的是这个名城哪一方面的内容？

学生说说自己最感兴趣的内容。

生：我最喜欢昆明的民风民俗，很特别。

生：我最感兴趣的是拉萨的布达拉宫，在高原上人们是怎么建造的呢？

生：我最感兴趣的是昆明的美食，我很想尝一尝米粉。

……

师：我们可以从美称由来、地理位置、气候、特色美食、特产、主要景点、民风民俗等角度介绍一座名城。

【设计意图】在分享中引领学生清楚介绍名城的视角，使后期的世界名城介绍更有条理。

（三）借助点"赞"，丰富介绍形式

师：在八个小队的汇报中，你觉得哪个小队的介绍形式最吸引你？这对你们小队以后的汇报有什么启发？

学生为介绍形式最新颖的小队点"赞"。

生：第一小队采用了表演的形式，很搞笑，很吸引我们。

生：我喜欢第三小队，他们采用合作讲故事的形式，还配上了图片，让我们有身临其境的感觉。

生：我喜欢第七小队采用的形式，他们通过综艺节目的方式来给大家介绍，还有幽默搞笑的元素在里面，感觉很特别。

师：新颖的介绍形式可以为汇报增色，更吸引大家的目光。

【设计意图】通过点"赞"，丰富学生对介绍形式的认识。

（四）借助评价，明确小队合作方法

1. 各小队在小队长的组织下回顾一下本队介绍中国名城时的准备过程，从准备的步骤和小队内的分工合作两个方面来进行交流。

各队小队长在全班进行交流，教师适时介入，聚焦优秀资源。

2. 教师总结提炼。

（1）准备的步骤。

第一步，分工收集资料。

第二步，小队交流，商量并确定汇报内容。

第三步，小队内负责资料整理的学生整理资料，形成汇报内容初稿。

第四步，小队内商讨汇报的形式。

第五步，准备并排练。

（2）小队内分工合作的方法。

【设计意图】通过交流，让学生逐步清楚小队有效合作的步骤和方法。

（五）总结延伸

师：本节课我们从小队汇报内容的选择、汇报形式及合作的步骤与方法这几个方面进行了比较充分的交流。相信大家对如何介绍一座名城已经有了清晰的认识。之后我们各小队将要带领大家走进世界名城，你们觉得在准备世界名城的汇报展示时要成为最佳导游团应具备哪些标准呢？（板书：内容有趣、形式新颖、合作有效、语言生动）

【设计意图】通过总结，让学生明确下次小队汇报世界名城的评价标准，为后续活动的有效开展做准备。

活动二："游"名城，我们创意——策划方案

一、活动目标

1. 学习策划一份合理的"带你游世界名城"小队活动方案。

2. 通过策划小队方案活动，培养小队合作能力。

3. 能针对自己感兴趣的内容自觉、有效地获取、评估、鉴别、使用信息。

二、活动准备

教师制作课件，准备"带你游世界名城"活动策划方案的表格。

三、活动过程

（一）导入，引出主题

1. 游戏热身。

师：同学们，从《音乐之都维也纳》一课中，我们了解了"音乐之都"是维也纳的雅号，还知道了这个雅号是根据维也纳的特点来命名的。那么你们还知道哪些世界名城以及它的雅号呢？请同学们来做个猜一猜的游戏。

（1）"对称的古都"——（   ）

（2）"立体都市"——（   ）

(3)"花都"——（   ）

(4)"雾都"——（   ）

(5)"佛教之都"——（   ）

(6)"沙漠古都"——（   ）

(7)"绿色首都"——（   ）

(8)"狮城"——（   ）

(9)"水城"——（   ）

(10)"壁画城"——（   ）

(11)"艺术城"——（   ）

(12)"不朽城"——（   ）

(13)"雪城"——（   ）

(14)"茉莉花城"——（   ）

2. 教师引导，小队初步交流。

师：世界上的许多城市都有自己的雅号，这些雅号与城市的特点有着密切的关系。前一阶段我们各小队对自己最感兴趣的城市进行了专门的研究，大家最感兴趣的是哪些城市呢？你们想研究这个城市的哪些方面呢？又想怎么开展研究呢？

组织各小队结合前期活动情况进行交流，其他队成员和教师介入点评。

师：建议你们在介绍时不要面面俱到，可以侧重介绍一至两个方面。下面各队再商量一下你们的研究设想。

各小队初步梳理研究方向和内容。

（二）确定研究主题

1. 小队讨论。

小队讨论，根据成员的兴趣，确定本小队的研究主题。

2. 策划指导。

(1) 策划些什么？

全班交流，确定各个小队的研究主题。

(2) 怎样策划？

确定主题后，引导学生讨论，想一想本小队的研究周期及研究计划。

（三）交流点评

1. 小队策划。

教师巡视，对填写方案表格有困难的小队予以指导。

2. 选择第一个完成的小队方案作为范例，进行进一步指导。

研究主题	"雾都"——伦敦			
研究内容	1. 伦敦的地理位置	2. "雾都"名称的来历	3. 伦敦的历史文化	4. 伦敦的著名景点
呈现方式	课件呈现地图	文字介绍结合图片展示	小队成员合作讲故事	图片加解说
研究流程与分工	第一步，资料收集——薛宇航、韩子梁 第二步，资料整理——刘锦鹏、赵伟珂 第三步，成果汇报 排练总负责：韩子梁 课件制作：丁子文			
汇报形式	课件加讲解、讲故事			
收获				

师：其他小队觉得他们的策划方案有哪些优点？有没有需要改进的地方？

生：他们的分工还是比较具体的，形式也有图片和讲故事两方面。

生：我觉得他们研究的"'雾都'名称的来历"和"伦敦的历史文化"可能有重复的部分，是不是可以从中选择一个方面介绍就好了？

师：你的建议有道理，你们小队自己怎么看？

生：我们可以将"伦敦的历史文化"换成"伦敦的美食"，同学们对美食还是很感兴趣的。

师：你们的调整还是很到位的。接下来，请大家关注本小队的计划安排及分工、汇报方式的独特性等，进行修改。

各小队修改方案。

【设计意图】从策划层面上梳理方案的整体架构，一方面能培养学生的策划能力，另一方面在设想和行动之间架起桥梁，让学生的策划最终回归到自己的生活。

（四）总结交流

1. 将各小队的策划方案贴在教室后面的黑板上，各小队相互提建议，斟酌方案的可行性。

师："心有多大，舞台就有多大"，在畅游世界名城之时，老师期待每个同学有更精彩的表现！

2. 总结交流策划过程中的得与失。

生：我们刚刚又进行了一下调整，将原来要研究的四个方面压缩成了两个方面，我们还通过举手表决的方式确定了大家可能感兴趣的方面。

生：我们对分工重新调整了一下，因为一开始的分工不是很具体，任务不太明确。

师：相信大家带着今天的思考和收获去行动一定会让你们的研究更加顺利。

【设计意图】在交流的过程中明确得与失，能提高学生组织和合作的能力，为后续汇报搭建平台。

活动三："游"名城，我们行动——展示成果

一、活动目标

1. 培养对自己的学习状态进行审视的意识和习惯，以及根据不同情境和自身实际选择或调整学习策略和方法的思维。

2. 能理解和尊重世界文化的多样性和差异性，积极参与跨文化交流，培养发现美、感知美、欣赏美、评价美的意识和能力，学会兼容并包。

3. 能针对感兴趣的内容进行信息的收集、加工及整理，进行比较深入、有计划的研究，形成研究成果，提升思维品质。

4. 培养艺术表达和创意表现的兴趣和意识，获得成就感和自信。

二、活动准备

1. 教师制作课件，准备班级读书社的活动照片。

2. 学生以小队为单位，准备相应的展示资料。

三、活动过程

（一）谈话导入，前期活动回顾

出示班级读书社的活动照片。

师：同学们，我们的班级读书社成立有三个月了，我们八个小队一起读书，一起策划读书汇报活动。围绕阅读展开的读书社活动让我们不仅分享了读书的快乐，还收获了更多关于合作的宝贵经验。谁能与大家交流一下？

学生自由交流。

师：其实，阅读不仅包括读书，还包括读社会、读世界。前期大家围绕"畅游世界名城"这个主题经历了资料的收集与整理、方案策划、成果展示的准备等过程，每个人都付出了很多。还记得我们之前提出的本次最佳导游团需要具备的四个标准吗？

根据学生回答贴板书：内容有趣、形式新颖、合作有效、语言生动。

师：相信在今天"畅游世界名城"的成果汇报中，各小队定会带给大家不一样的精彩，让我们踏上分享快乐的旅程吧！

【设计意图】通过回顾前期活动，为今天的活动做好铺垫。

（二）小队汇报，聚焦收获

1. 各小队交流汇报。

（1）英雄小队——伦敦。

（2）天束幽花小队——札幌。

（3）胜利小队——里约热内卢。

（4）书香小队——雅典。

（5）薄荷小队——威尼斯。

2. 学生投票，评出最佳导游团。

3. 聚焦资源，点亮活动。

（1）采访得票数最多的薄荷小队：你们觉得今天为什么大家会把这么多的票投给你们？你们觉得自己做得好的是哪些方面？

生：我们最后的走秀表演给大家带来了惊喜，比较新颖。我们的配合也比较默契。

（2）采访其他同学：你为什么把票投给你所投的那个小队？

生：薄荷小队的走秀令人震撼，服装和道具也准备得很用心。我很喜欢他们的面具，他们把威尼斯的狂欢节展现出来了。

生：我投的是天束幽花小队，我喜欢他们的表演。

（3）采访得0票的胜利小队：我发现有一组一票都没有得到，他们都没有把票投给自己，真令人敬佩。我想问问他们，为什么没有投自己一票？

生：因为我觉得我们小队没有其他小队表现得优秀。

师：我很欣赏你们的诚实。为你们的诚实，老师手里的这一票要投给你们。在刚刚的展示过程中，老师还想表扬一位同学，他就是胜利小队的队长，当他贴自己小队的投票榜时，他发现前一个汇报的小队的投票榜没有贴好，就细心地帮他们调整好了投票榜的位置。这不也是一种可贵的合作精神吗？为他们这一队大公无私的精神献上我们的掌声！

【设计意图】使学生在汇报分享中感受不一样的世界文化，学习其他小队的经验，在师生点评中点亮活动中的育人资源。

（三）总结延伸

师：在成果汇报的背后，相信每个小队都有自己的故事，都有很多收获。下节课，我们各小队将继续盘点收获，进行改进，因为我们还将到其他班级和年级进行展示，你们的选票卡还要继续保留哦！谁是最后的赢家还是未知数。

活动四："游"名城，我们完善——总结得失

一、活动目标

1. 提升发现问题、解决问题的能力，培养合作能力、总结反思能力。

2. 激发成就感、自豪感，养成自觉总结、反思的习惯。

3. 能针对感兴趣的内容进行信息的收集、加工及整理，提升思维品

质，促进自我调节能力的发展。

二、活动准备

教师制作课件，准备"小眼睛看世界"主题活动照片。

三、活动过程

（一）回顾活动

师：同学们，我们经历了"童眼看中国""策划方案""展示成果"的过程，同学们都为之付出了努力。随着活动的一步步推进，本次活动也将告一段落。跟随着照片，我们再次感受本次活动带给我们的酸甜苦辣吧！

出示"小眼睛看世界"主题活动照片。

（二）交流提升

小队内交流前期活动中发现的问题及解决方法，然后全班交流。

英雄小队队长：我们小队存在成员分工不当的情况。比如，刘家云的记忆力不是很好，可是他负责解说的内容太长了，展示的时候他一紧张就容易忘记，但是他比较擅长表演，其实应该让他多表演。王翰培对自己分到的台词和任务不满意，觉得戏份太少了，所以排练时不认真，还打扰其他人。

师：嗯！看来小队长也不好当哦！下次我们小队长可以针对分工情况征求大家的意见，与有意见的成员进行个别沟通、协调，以提高小队的合作效率。可是，当我们对小队工作有意见时，这种消极怠工影响排练的方法合适吗？

生：这种做法不合适，有问题我们可以勇敢地提出来，大家商量着解决。

书香小队成员：我们小队出现了有些人对工作职责的认识不清楚、不明确的情况。我们的汇报以讲故事的形式为主，故事收集是由一个人负责的，其实收集到的故事还需要改编一下，但我们在分工的时候没有将这个要求向收集故事的同学说明，一直到整合资料进行排练时才发现。

师：看来我们的分工还需要细致一些。

胜利小队成员：我们在排练进场环节有些混乱，如果每个人对自己在场上的位置有清楚的认识会更好，而且大家在场上要互相照应一下。

师：是的，互助才是一种真正的合作。

薄荷小队成员：我们小队在走秀时换衣服环节有些乱，可能是因为我们都只顾着自己的衣服，如果大家事先两两合作，换衣服、拿道具会更

顺利。

师：是呀！我们在工作上需要相互信任、相互帮助。刚刚我们聚焦的其实都是小队合作的问题。那么，看了别的小队的汇报，你们小队在汇报形式和内容上有没有需要改进的地方呢？

胜利小队成员：我们小队介绍的形式应该再生动活泼一些。

天束幽花小队队长：我们小队的美食道具可以再多一些。

薄荷小队队长：我们小队课件中的图片需要重新收集一些更有震撼效果的，内容可以再精简一些。

师：大家反思得真好，心动不如行动，就请大家带着刚刚反思的收获再次修改方案吧！

【设计意图】让学生在回顾中分享感受，在交流中了解彼此的想法，为后续完善方案搭建平台。同时让学生带着感想走出课堂，进入下一个系列活动，实现自我成长。

（三）完善方案

1. 各小队在讨论交流的基础上再次修改方案。

师：思想上，各小队成员应对活动有充分的认知和重视，对自己的任务保持认真负责的态度。行动上，在方案实施过程中，遇到问题应及时与其他成员沟通，不应该一意孤行，真正的合作应该互助。

2. 讨论方案的可行性，互动点评。

小队讨论后，各小队派一名代表说说调整后的方案，全班点评。

【设计意图】培养学生的反思能力是学生自身发展的需要，也是他们终身发展的需要。引导学生自己反思、自己总结，让他们在反思中自己发现问题、优化思维。

（四）总结延伸

师：本次活动，让我们反思了很多，收获了很多。相信通过今天全班同学的经验总结，我们对一次活动的展开需要准备什么、思考什么有了更全面、更深入的认识。我们一起期待下一次到其他班展示时同学们的精彩表现吧！

【设计意图】总结本次活动，为后期更多的小队系列活动指明方向。

第七章 六年级活动课程实施方案

第一节　好少年善追"风"

主题目标

1. 关注时事信息、热点新闻，对时尚、流行的文化不盲目崇拜、跟风。
2. 形成健康、积极、阳光的生活方式，培养初步的审美能力和高雅的生活情趣。

主题背景

随着时代和社会的发展，追逐时尚逐渐成为一种大众"风向"。学生身处社会之中，随时随地都在时尚风潮的浸润之下。校园里也充斥着学生眼中的时尚文化：电子游戏人见人爱，流行歌曲脱口而出，歌星、影星家喻户晓，灰色童谣迅速传唱。这些对时尚似懂非懂的学生喜欢追星，火爆的综艺节目每期不落；他们说着流行语，在 QQ 群里天马行空；他们做着流行事，玩 iPad，发微博、微信……一切时尚文化，对他们产生了深远的影响。可是他们选择和处理信息的能力还不够强，还不能对其正确地进行判断与辨析，面对纷繁复杂的时尚文化，总是一味地去迎合，去追逐。更有甚者，一些学生在班级、家庭中散播低俗的时尚文化。

学情分析

进入六年级后，学生越来越独立，有自己的想法，不希望教师和家长把他们当小孩对待，但实际上又离不开父母和教师。他们不能完全理解社会上一些前卫、时尚的文化，但为了显示自己的特立独行，常不自主地被牵着走，从言行上迎合着时尚。当然，由于性别差异，男女生对时尚文化的关注点也有不同：女生普遍比较关注吃、穿、用等外在的方面，男生则比较关注流行的游戏、潮流用语等。

活动安排

活动一：时尚大搜罗
活动二：时尚连连看
活动三：时尚大家谈
活动四：我们的追"风"秀

活动一：时尚大搜罗

一、活动目标

1. 能正确理解时尚的内涵。
2. 提高审美能力。
3. 培养健康向上的生活情趣。

二、活动准备

1. 教师制作课件。
2. 学生关注自己身边的时尚。

三、活动过程

（一）谈话引出主题

话题交流：学校内外的时尚。

揭示话题：时尚大搜罗。

【设计意图】通过学生的交流，对学生正确认识时尚进行引导，并揭示班队课主题。

（二）小队研究

1. 时尚文化分类。

（1）流行语：列举当今比较流行的语言。

（2）流行事：盘点当今流行的事。

（3）流行物：列举流行的文具、服饰等。

（4）时尚人：列举娱乐明星、体育明星、畅销书作家以及政治界与商场的风云人物等。

2. 各小队选择研究任务。

【设计意图】对时尚文化进行分类，各小队选择一个主题进行研究，让研究更为深入。

（三）方案制订

小队讨论，制订研究方案，填写下表。

小队成员与分工	
研究内容	
研究形式	
研究过程	
研究收获	

全班交流，互相补充，修改、完善方案。

【设计意图】通过小队成员间的讨论及全班交流，制订可行的研究方案，以保证后期活动的效果。

活动二：时尚连连看

一、活动目标
1. 对时尚文化进行深入研究，拓展视野。
2. 分工合作，发扬团队合作精神。

二、活动准备
学生按预先制订的研究方案分工。

三、活动过程
（一）主题研究

各小队在小队长的带领下进行主题研究。

（二）确定汇报形式及汇报内容

各小队梳理好汇报形式及汇报内容，填写下表。

小队名称		成员分工	
汇报主题		汇报形式	
汇报准备			
汇报过程			

（三）准备汇报

各小队制作汇报课件。

活动三：时尚大家谈

一、活动目标
1. 正确认识时尚文化，初步树立正确的人生观、价值观和生活观。
2. 营造充满正能量的班级氛围，在家、在学校做有价值的创造者。
3. 形成初步的审美能力和高雅的生活情趣。

二、活动准备
1. 教师制作课件，准备时尚图片集、歌曲《追风少年》音频。
2. 学生以小队为单位，准备相应的展示资料。

三、活动过程

（一）课前常规活动

出示时尚图片集，让学生感受现代多元时尚文化的魅力。

【设计意图】创设情境，引导学生进入交流氛围。

（二）核心过程推进

1. 各小队分别介绍时尚文化研究成果。

（1）流行话语大串烧。

① 小公举：是"小公主"的一种嗲声嗲气的叫法，后来逐步发展成网友们对一些男性的称呼。这类男性最大的特点就是拥有一颗少女心，有一些少女做派，却毫无娘娘腔。

② 也是蛮拼的：表示非常努力但没有成功，具有讽刺意味。

③ 吓死宝宝了：指"吓死我了"的意思。

④ 你们城里人真会玩：原来的意思是讽刺某些人做的事情常人无法理解，后来就变成了朋友之间互相调侃的一句话。

⑤ 黑凤梨：粤语"喜欢你"的音译。

⑥ 重要的事儿说三遍：表示强调的事很重要。

（2）流行物品大联展。

① 创意小文具。

动物形橡皮

西瓜便签

② 创意小饰品。

创意发夹

③ 创意生活用品。

创意时钟　　　　　　　　桌面线管理器

（3）流行事儿大家说。

① 神舟十一号。

神舟十一号飞船，是我国于 2016 年 10 月 17 日 7 时 30 分在酒泉卫星发射中心，由长征二号 FY11 运载火箭发射的载人飞船。

飞行乘组由两名男性航天员景海鹏和陈冬组成，景海鹏担任指令长。神舟十一号飞船由中国空间技术研究院总研制，飞船入轨后经过两天独立飞行完成与天宫二号空间实验室的自动对接并与其形成组合体。神舟十一号是中国载人航天工程"三步走"中从第二步到第三步的一个过渡，为中国建造载人空间站做准备。神舟十一号飞行任务是中国第 6 次载人飞行任务，也是中国持续时间最长的一次载人飞行任务，总飞行时间长达 33 天。

2016 年 11 月 18 日下午，神舟十一号载人飞船顺利返回着陆。

② 2016 年美国总统大选。

2016 年美国总统大选，是指美国第 58 届总统选举。本次大选除选举

总统和副总统外,还将改选34名国会参议员、全部国会众议员以及部分地方官员。

美国东部时间2016年11月9日凌晨1点40分,美国总统选举初步结果揭晓,共和党总统候选人唐纳德·特朗普战胜民主党候选人、前国务卿希拉里·克林顿,赢得总统选举,成为美国第45任总统。

③ G20。

G20即20国集团,是一个国际经济合作论坛,于1999年9月25日由八国集团(G8)的财长在德国柏林成立,于华盛顿举办了第一届G20峰会,属于非正式对话的一种机制,由原八国集团及其余12个重要经济体组成。

宗旨是为推动已工业化的发达国家和新兴市场国家之间就实质性问题进行开放及有建设性的讨论和研究,以寻求合作并促进国际金融稳定和经济的持续增长。G20的成立为国际社会齐心协力应对经济危机,推动全球治理机制改革带来了新动力和新契机,使全球治理开始从"西方治理"向"西方和非西方共同治理"转变。

2016年9月4日至5日,G20领导人第十一次峰会在中国杭州举行,这是中国首次举办首脑峰会。

(4)时尚达人大亮相。

① 傅园慧。

傅园慧,1996年1月7日生于浙江杭州,中国国家女子游泳队运动员,喀山世界游泳锦标赛两枚金牌得主,里约热内卢奥运会女子100米仰泳季军。

2016年8月8日,里约热内卢奥运会女子100米仰泳半决赛,傅园慧以58秒95的个人最好成绩晋级决赛。赛后采访中,喜出望外的她因天然生动的表情、率真幽默的表达一夜成名,走红网络,成为里约热内卢奥运会最具人气、最有影响力的运动员之一。同年当选"中国90后十大影响力人物"、中国"十佳"劳伦斯冠军奖最受欢迎女运动员。

② 龙友林。

龙友林,品牌传媒创始人、中国梦想日大会共同发起人、知名青年企业家、网红榜第一人、新一代网红之王、网络营销高手、网络名人经纪人、百度百科大儒。

2016年3月6日,《2016年最新网络红人榜》出炉,龙友林夺冠。

2016年3月17日,《中国最新网络红人排行榜》揭晓,龙友林夺冠。

2016时尚达人盛典获《最新劲爆网络红人排行榜》(网络红人榜中榜)第一名。

2016年5月,《2016年中国最新网络红人排行榜》出炉,龙友林夺冠。

2016年5月30日,《超级红人节十大网络红人排行榜》出炉,龙友林夺冠。

2016年7月8日,《中国最新网络红人排行榜》出炉,龙友林排名第一。

③"虹桥一姐"

龚玉雯,外号"虹桥一姐"。她不辞辛苦经常在上海虹桥机场蹲点,要到不少明星的签名照和合影。2016年,"虹桥一姐"之名迅速蹿红网络。

【设计意图】通过各小队的交流,开阔学生的视野,引导学生多角度地了解时尚文化。

2. 交流对时尚潮流的认识,挖掘时尚文化的价值。

学生各抒己见,畅谈自己对时尚潮流的认识。

寻找班里的"时尚达人"。

辨一辨身边的伪时尚现象。

【设计意图】引导学生了解时尚文化的真正内涵,并反思班级里的时尚文化,实现与班级生活的对接。

3. 确定时尚计划的标准,共同制订时尚计划。

师:时尚具有新、奇、美的特点,不仅是潮流的、大众的、独特的,而且是广泛流行在群众中的一种正确的行为规范,它更应是积极的、高尚的、永恒的。时尚是与时俱进,是一种美,更是一种精神。如坚持晨跑、自觉健身、勤劳节俭、朴素大方,举止文明、诚实守信,乐于助人、甘于奉献、爱护环境、珍爱生命、不畏困难、勇于拼搏……这些都是时尚。

学生以个体或小队为单位制订时尚计划。

【设计意图】使学生的身份从旁观者转化为进入者,带着全新的认识,实现自己的价值,获得真正的成长。

(三)总结活动

播放歌曲《追风少年》,学生齐唱。

活动四：我们的追"风"秀

一、活动目标
1. 正确认识时尚文化，初步树立正确的人生观、价值观和生活观。
2. 培养高雅的审美情趣。

二、活动准备
1. 教师选出一名小主持人。
2. 学生以小队为单位，准备相应的展示资料。

三、活动过程
（一）导入

教师带领学生回顾前期活动。

小主持人宣布秀场开始。

【设计意图】适当对前期活动进行回顾，渲染氛围。

（二）秀场登台亮相

1. 少年服饰时尚秀。

现场展示——绅士风采组、淑女风范组、休闲风采组。

2. 课余兴趣时尚秀。

短片展示——书香浸润组、科技创新组、体魄强健组。

3. 追星偶像时尚秀。

主题演讲——我心中的偶像。

（1）政治风云组——《特朗普的儿女们》。

（2）经济领袖组——《马云和阿里巴巴》。

（3）文体明星组——《"爱哭鬼"孙杨的三滴眼泪》。

【设计意图】这个年龄的学生已经有了追名牌、追明星之心，并且在他们的生活中也有所表现。这场秀给予学生在追求时尚方面更多的正能量，让他们明白穿衣求得体、兴趣求发展、追星追人格。

（三）总结活动

小主持人宣布秀场结束。

教师总结：沐浴在阳光雨露中的你们，充满蓬勃朝气，洋溢青春活力，红扑扑的脸蛋、亮晶晶的双眸、黑黝黝的秀发，无不闪耀出迷人的光彩，给人以纯洁、清新、健康的美感。愿同学们在平常的生活里，提高审美能力，培养健康向上的生活情趣，用渊博的知识充实自己，用高尚的行为感染别人。立志进取、勤学守纪、尊师爱友、举止文明、博学多才、奋勇争先，这才是真正在创造美！愿同学们多一些人文情怀，拥有善良、美好的心灵，懂得尊重与感恩，学会宽容与理解，遵守秩序与法则，互助友爱，作为寝室、班级、学校的一员，要积极营造优雅温馨、友爱互助、励志奋进的文化氛围！愿同学们多一些科学理性，要有不断追求真理、探求生命意义的精神。

【设计意图】通过全面的总结，肯定学生在活动中的表现及付出的努力，对整个主题活动进行总结提升，引领学生正确追求时尚，做一个阳光健康的少年。

第二节　始规划，明方向

主题目标

1. 了解各行各业的优势及行业间的异同，形成一定的职业规划意识。
2. 能根据自己的兴趣与其他同学合作，对某个行业进行深入研究，并形成自己的研究成果。
3. 学习智慧地与他人合作、交流，并在采访、调查的过程中提升学习能力。

主题背景

李希贵在《人生规划从什么时候开始》中写道："我们的学生不仅对自己的未来十分茫然，即使对眼前的自己到底有什么特长也浑然不知。每年一度高考志愿填报，许多高三学生的一句'随便'，更是难为了家长和老师，因为自己将来要干什么，自己到底喜欢什么，他们竟不知道！其实，这怨不得我们的孩子。因为，我们没有给他们提供了解社会、选择理想的机会。"这不能不说是我们教育的悲哀。有些国家在儿童时期就引导孩子开始做职业规划，使他们明确自己努力的方向。教育应该帮助学生了解自己真正爱做的事是什么，然后在一生中，他才会努力去做自己认为值得又富有意义的事。帮助学生了解自己真正爱做的事是什么，指引学生制订规划并向这个方向努力，是教育的重要目标，是教师的重要职责。所以我们想利用本次活动，请各行各业的人走进课堂，向学生介绍各类职业的

特点；也可以带着学生走出校园，走进各家企业，了解形形色色的工作岗位，让学生对各种职业有立体化、全方位的了解，试着了解社会，融入社会，丰富自己的阅历，不断地审视自我、调整定位。

另外，学科知识在生活中并不是独立存在和运用的，而是需要人们综合融通。无论是工作还是生活，都需要整合各学科知识。对于六年级学生来说，学科喜好也比较明显。借助职业规划这个平台，可以促使他们在各学科的学习上达到平衡，为中学生活打下更坚实的基础。

学情分析

六年级是小学阶段学生学习能力较高的时期，这一阶段的学生对社会的丰富性备感兴趣，他们期待了解更多的社会知识以开阔视野，参加更多的实践活动以丰富生活。然而在开学第一天，紧张的学习氛围就笼罩了他们，作业量增加，学习压力增大。如何让学生更快更好地适应毕业班生活并向高一级学校生活过渡，如何给学生的心理以健康、积极、向上的引导，如何让学生走向社会，"始规划，明方向"系列活动给学生打开了一扇窗。

活动安排

活动一：走进"三百六十行"
活动二：热议"三百六十行"
活动三：体验"三百六十行"

活动一：走进"三百六十行"

一、活动目标

1. 能根据自己的兴趣，通过资料收集、采访等方式对各种职业进行初步的了解，提升提取、整理信息的能力。

2. 初步了解各种职业，开阔眼界，提升思维品质，树立正确的价值观。

3. 能根据自己的兴趣与其他同学合作，交流、分享对某个职业进行研究的原因，为后期的深入研究做好初步准备。

二、活动准备

1. 教师制作课件，根据前期调查制作数据统计图。

2. 学生收集关于各种职业的资料。

三、活动过程

（一）回顾前期活动，导入

师：前期我们通过班队课了解了社会上的职业分类，发现原来我们的生活中有那么多我们不知道的职业。后来，同学们纷纷选择了自己感兴趣的职业。通过初步的数据统计，我们班的同学对以下几种职业比较感兴趣。

出示学生感兴趣的职业的数据统计图。

（二）个体介绍，初议职业

学生介绍前期在班级选择中比较热门的十种职业。

1. 学生介绍医护人员、教师、律师、警察、科学工作者五种职业。

教师适时介入：听了刚刚五位同学的介绍，你有没有发现这些职业有什么共同的特点？从事这些职业需要具备什么条件？

引导学生回答：服务性、专业性。

2. 师：接下来的三种职业是我们班选择人数最多的，让我们一起来看一看。

学生介绍导演、摄像师、演员三种职业。

教师适时介入：听了刚刚的介绍，你觉得要成为一个演员应该具备哪些素质呢？

引导学生回答：专业性强，敬业精神也至关重要。

3. 师：接下来的这两种职业，喜欢上网的同学应该都比较感兴趣，谁来介绍？

学生介绍电子竞技、微商两种职业。

教师适时介入：这两种职业在我们原本的社会职业分类中并没有，但是随着网络时代的来临，我们越来越离不开网络，这说明我们的职业也在随时代的发展而发展。

【设计意图】将前期的资料收集与今天关于职业的交流结合在一起，促进学生对各类职业特点的初步了解。

（三）根据兴趣，自由组队

师：刚才这些同学介绍了这么多职业，真让我们大开眼界，对各类职业也有了初步的了解。下面请大家选择一种自己感兴趣的职业，与兴趣相同的同学迅速组成临时小队。

预设：（1）若该职业只有少数人或一个人选择，首先肯定学生坚持自己的想法，其次对该职业进行肯定，每种职业都是社会中的一部分；

(2) 若该职业有很多人选择,可将其分成两个小队进行研究。

【设计意图】让学生自由组成合作小队,为后续深入研究做准备。

(四) 合作交流,热议职业

师:刚刚同学们已经根据重点了解的职业进行了分队,下面请大家在小队内讨论五分钟,交流一下你们小队成员选择这一职业的原因,每个同学都要交流,然后推荐一名同学进行汇总,将你们选择研究这种职业的共同原因和不同原因写在表格中。

小队交流,汇总意见。

选择的职业	相同原因	不同原因

教师点评各种职业。

(1) 医护人员:救死扶伤,是非常伟大的职业,同时也是异常艰巨的职业,如今医患关系、医德问题都是社会关注的焦点。

(2) 科学工作者:具有很强的专业性,能为祖国的发展做出巨大的贡献。

(3) 摄像师:是一种记录美好的职业,相信选择这种职业的你们也是心地善良、向往美好的孩子。

(4) 律师:司法考试被称为我国最难的考试,成为律师不容易,做一名坚守底线、有公德心的律师更不容易。

(5) 演员:我们都看到了演员光鲜亮丽的一面,然而他们并不是一夜成名的,他们的背后又有怎样的故事呢?期待你们的后续研究。

(6) 警察:穿军装、戴军帽是很多孩子的梦想,警察是维护国家稳定必不可少的职业,且具有一定的危险性,警察的种类有很多,老师相信你们对警察了解得越多,就越会崇敬他们。

(7) 教师:除了父母之外,与你们接触得最多的就是老师了,只要留心观察你的老师,你就会发现这种职业的魅力所在。

(8) 导演:是一种很有思想性的职业,将自己的想法用光影、画面表达出来,既美好又有意境。那么导演具体要做些什么事情呢?期待你们后续的研究。

(9) 电子竞技:一种新兴职业。可以将自己感兴趣的游戏作为职业是一件很幸福的事情,但并不意味着我们应从此沉迷于游戏之中。期待大家在感兴趣的同时，对电子竞技有更深入的研究。

（10）微商：足不出户地为顾客提供方便，这是时代发展的一种趋势。

（五）总结延伸

师：通过这节课，我们对社会上的各种职业有了初步的认识，期待大家通力合作，对职业有更深入的研究。课后，请大家小队合作完成这份方案，希望下节班队课你们有更精彩的表现。

走进"三百六十行"小队研究方案	
小队名称	
成员	
研究职业	
主要研究步骤	
主要研究方法	
分工	
需要的外援资源（教师、家长等）	

活动二：热议"三百六十行"

一、活动目标

1. 了解几位嘉宾的职业特点，从而对其职业的特点及面临的困难有初步的认识。

2. 交流职业存在的优势和应对职业困难的方法，从而对职业和现实有新的认识。

3. 能根据自己的兴趣与其他同学合作，对某类职业进行深入研究，并形成自己的研究成果。

二、活动准备

教师制作课件，准备前期活动的照片，请几位不同职业的家长来讲述他们的职业。

三、活动过程

（一）回顾前期活动，照片导入

出示前期活动的照片，带领学生回顾前期活动。

师：今天我们就一起走到从事各种职业的人中间，去听听他们的那些事。

【设计意图】调动学生前期活动的内心体验与收获。

（二）嘉宾开讲，介绍不同职业的特点

技术工人：我是一名技术工人。从进入工厂开始，我就需要进行多项技术学习，除了学习技术之外，还要懂得一些机器维护和修理方面的知识。在工作的时候，我们要时刻盯着机器，查看机器是否运作正常。随着时代的发展，我们技术工人需要学习的知识越来越多，这给我们带来了更大的挑战。

军官：我是普通的在职军官，我在部队的工作主要是训练基本功。

自由职业司机：我是一名自由职业司机，我干这一行已经六年了。这六年里，我为了运输货物，跑了大大小小十几个城市，每天早出晚归，很少和家人一起吃饭、散步的时间。长时间开车非常消耗体力，我们经常在半路休息的时候睡着。

商人：我经商已经有十几个年头了，这十几年起起伏伏，生活也没有规律。虽然现在钱是赚到了，可是每天提心吊胆，怕失败，怕亏损，我已经很久没有好好休息了。

【设计意图】家长进课堂是深受学生喜爱的一种家校合作方式，在这种情况下，学生定会全身心投入。

（三）互动采访，了解战胜困难的法宝

师：同学们，刚刚几位嘉宾介绍了各自的职业，你能讲讲他们各自的工作特点吗？

小队内交流。

每个小队选定两个采访对象，根据他们的职业特点，确定采访问题及采访理由。

现场采访。

【设计意图】提炼问题，是对学生倾听能力的考验，也是对小队合作的考验。

（四）自我对照，总结延伸

师：请谈谈你采访之后的感受。

学生结合今天的收获对照自己初定的理想职业畅谈。

师：是呀，三百六十行，行行出状元。只要我们能够确立合适的目标，并不断提升自身的能力，一定能够成为最好的自己。

【设计意图】引导学生既要仰望星空，也要脚踏实地，将收获与自己的现状联系起来，使理想有实际根据。

活动三：体验"三百六十行"

一、活动目标

1. 了解身边出现的新兴职业及其产生的原因。

2. 能根据自己的兴趣与其他同学合作，对某个新兴职业进行深入研究，并形成自己的研究成果。

3. 在活动中学习智慧地与他人合作、交流，并在采访、调查的过程中提升学习力。

二、活动准备

1. 教师制作课件。

2. 学生以小队为单位，准备相应的展示资料。

三、活动过程

（一）交流自己想探究的新兴职业

师：随着时代的发展和变迁，我们身边出现了许多新兴职业，你知道有哪些？

交流新兴职业：快递员、代练师、陪打员、点心师……

【设计意图】交流讨论，进行思维碰撞，从而让学生了解更多的新兴职业。

（二）确定自己感兴趣的职业

师：这节课我们将走进动漫制作、自行车生产、西点烘焙、快递运送等新兴职业，去看看从事这些职业的人又有哪些苦与乐。

小队讨论，选择感兴趣的职业，并说说选择的原因。

学生围绕职业的特点和创新之处进行交流讨论。

（三）自由组队，制订方案

师：在刚刚的讨论中，我发现大家大多比较喜欢与网络和传媒有关的新兴职业，下面就请大家自由组队，围绕你们喜欢的职业，制订研究方案，填写下表。

小队名称	
小队成员	
研究的职业名称	
研究方法（调查/采访、体验……）	
研究成果展示方法	

小队交流讨论,并汇报讨论结果。

【设计意图】以表格形式能更加清楚地呈现活动方案。

(四)假日活动

根据方案开展假日实践活动,邀请家长介入指导。

师:通过前期的活动,相信大家对自己喜欢的新兴职业有了更加深入的了解。下面就请大家来汇报一下你们的研究成果吧!其他小队一定要认真观察,看看他们是抓住了哪个关键词进行汇报的。

小队汇报,交流活动感受。

家长志愿者交流活动感受。

【设计意图】这一环节加入了家长志愿者的交流,更加客观地对本次活动中学生的组织能力和协作能力进行了评价,对学生今后活动的组织和实施有很大的帮助。

(五)我的职业我规划

1. 丈量梦想与现实的距离。

师:在刚刚的汇报交流中,我看到很多同学都饶有兴趣,看样子大家确实对自己体验的职业有了更深刻的了解。可是梦想和现实总是有差距的,对照自己的优劣,讲讲你和梦想之间差了什么。

交流体悟:努力、经验、持之以恒的精神、洞察细节的观察能力……

教师总结:要将梦想转化为现实,还需要不断地努力。

2. 指向梦想职业,确立目标,化为行动。

师:从现在起,就专心做好一件事,给自己树立一个切实可行的目标吧!请在下面的图中写下你的目标。

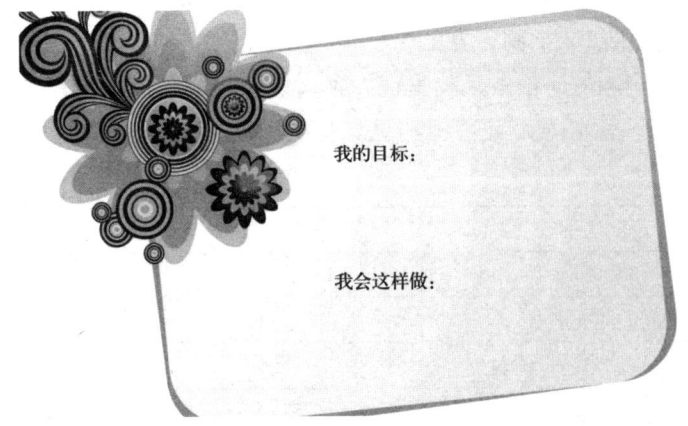

第三节　乐读《西游记》

主题目标

1. 开阔视野，感受读书的快乐，体验成长的乐趣。
2. 阅读名著，审视生活，形成独特的理解与体悟，提升思维品质。

主题背景

对学生进行一定的理想信念教育是非常必要的。虽然这方面的内容在语文、品德与生活/社会等学科中都有所涉及，但和学生当前的发展状态还不够贴近。有明确的目标，有实在的理想，学生的成长步伐才会迈得更踏实。所以我们应该寻找一个托物言志的载体。

六年级学生的择校、升学压力等接踵而至，与此同时，对于未知的中学生活，学生一方面很期待，另一方面也很忐忑。如何给学生一颗"定心丸"，让他们以不变应万变呢？

从学生的《西游记》读后感中可见一个个鲜明的主题："有志者事竟成""不满足是向上的车轮""放弃·追求""艺高人胆大""从泼猴到成仙的华丽转身""敢作敢当的英雄"……如果把他们的这些感悟串联起来进行分享交流，不就是理想信念教育的推进器吗？

学情分析

六年级学生比较团结，爱阅读，爱学习，爱竞争，但容易产生畏难情绪，有时会追逐潮流。学生对社会充满期待，在同伴交流中会经常引用电视、报纸等媒体报道的新闻作为自己观点的论据来说服对方。但是从综合实践活动及学生日记、习作等方面来看，学生捕捉信息的敏感性以及收集、整理、运用信息的灵活性还比较欠缺。

另外，有的学生的理想还停留在考取某所中学，有的学生的理想则是不断变化的：一会儿想成为科学家，一会儿想成为企业家。而且空有理想是不够的，还必须脚踏实地地去努力。

活动安排

活动一：读"西游"，谈感受

活动二：话"西游"，品生活
活动三：我的理想大家谈

活动一：读"西游"，谈感受

一、活动目标

1. 以《西游记》的读后感为载体，进一步深入品读名著中的人物精神。
2. 在交流互动中分享收获，形成共识，组成新的小队。
3. 在小队活动中献计献策，形成读书成果汇报方案。

二、活动准备

1. 教师了解学生《西游记》读后感的侧重点，准备《读书成果汇报方案表》。
2. 学生读完《西游记》，制作手抄报，写好读后感。

三、活动过程

（一）交流读后感

师：同学们，前段时间我们共读了《西游记》这本名著。很多同学都制作了精美的手抄报，并写了读后感。下面就请几位代表上台来交流（根据学生读后感的不同侧重点选择学生代表进行交流：有的侧重于人物卡片，有的侧重于景物描写，有的侧重于生活感悟，有的侧重于修辞集锦）。

学生代表交流，其他学生补充交流。

生：有志者事竟成。

生：不满足是向上的车轮。

生：放弃·追求。

生：艺高人胆大。

生：从泼猴到成仙的华丽转身。

生：敢作敢当的英雄。

生：团队的忠实守护者——沙僧。

生：一路磨难一路歌。

【设计意图】通过选择学生代表发言、其他同学补充交流的方式，使学生分享收获，提升思维品质。

（二）组成小队，形成汇报方案

师：根据刚才交流的读后感内容，相信大家一定有了很多收获，谁的观点与你的不谋而合呢？就请你与他组成一队进行进一步交流，在后期尝试进行读书成果汇报吧！

学生以刚才上台交流的代表为小队长，组成新的小队。

小队讨论，完成《读书成果汇报方案表》。

汇报主题	
汇报内容	
汇报形式	
小队成员分工	
需要的外援支持（教师、家长或者其他人）	

【设计意图】通过活动，组成新的小队，小队内进行合理分工，并形成读书成果汇报方案，较好地培养学生的组织能力与策划能力。

（三）交流方案

各小队交流本队的成果汇报方案，教师从方案的可操作性和具体性两方面做评价和指导。

【设计意图】通过教师的评价和指导，使各小队的方案更加具体，使方案的可操作性更强。

活动二：话"西游"，品生活

一、活动目标

1. 联系生活实际，深入品读名著中的人物精神。

2. 学会分享，提升捕捉、收集、整理、灵活运用信息的能力。

3. 树立成长目标，积聚成长能量，为正确的人生理想、职业规划做好铺垫。

二、活动准备

学生以小队为单位，准备相应的展示资料。

三、活动过程

（一）谈话导入，小队亮相

师：同学们，欢迎来到"话'西游'，品生活"栏目的现场，有请各小队的嘉宾们做30秒以内的自我介绍。

各小队简单亮相：展示队名和口号。

【设计意图】课始亮相，让学生做好思想准备。

(二) 小队汇报,丰厚拓展

师:精彩的亮相过后,接下来让我们看看各小队的成果汇报。

1. 小队汇报。

教师组织各小队轮流上场汇报研究成果,注意出现的资源,并及时捕捉、运用,引导生生互动。

(1) 知恩感恩在行动(学会感恩)。
(2) 火眼金睛看本质(学会辨析)。
(3) 敢作敢当真英雄(学会担当)。
(4) 一路磨难一路歌(直面挫折)。
(5) 温馨团队共成长(学会合作)。
(6) 有大志者事竟成(树立志向)。

2. 交流收获。

师:刚才我们都是以小队为单位谈的研究成果,接下来以个体为单位来谈一谈。

学生在教师的引导下交流心得和收获。

【设计意图】在研究性学习的过程中,在学生对资料的获取、整理、小队讨论的过程都会生成很好的资源,如果能较好地利用,更具有教育指导意义。

(三) 畅谈收获,聚焦延伸

师:同学们,从《西游记》中,我们品出了生活的五彩斑斓,品出了成长路上的艰辛与乐趣,更让我欣慰的是,大家的心中都种下了"有志者事竟成"的种子。那么,你的理想是什么呢?带着思考,让我们一起期待下一次的精彩活动。

【设计意图】学生在教师的引导下开始思考,并初步确立了自己的理想,为下次活动做好了准备。

活动三:我的理想大家谈

一、活动目标

1. 畅谈人生理想,合理规划人生。
2. 认识到确立目标的重要性,并学会合理确立目标的方法。
3. 会根据目标制订计划,指导行动,并明确实现目标时可能遇到的障碍。

二、活动准备

教师收集学生前期活动的照片，制作课件。

三、活动过程

（一）回顾前期活动

师：同学们，前段时间我们围绕《西游记》这本书，共同品读，组成小队，并进行了精彩的汇报。接下来，我们就一起来找找，其中有没有你精彩的身影。

教师出示学生前期活动的照片，简单介绍每张照片的内容。

组织学生交流参加前期活动的感受。

生：与想法不一样的同学合作，让我实实在在地学到很多思考问题、解决问题的方法。

生：我请教信息技术老师，学到了视频剪辑的新本领。

生：我们尝试走进菜市场进行采访，与陌生人沟通的过程让我的胆子变大了。

生：我们小队的成员特别有成就感，因为我们一开始目标很模糊，通过一点点摸索，到上次成果汇报时带给大家惊喜，我们自己觉得这个过程很充实。

生：原来我以为写读后感是一件很枯燥的事情，可是听了每个小队的汇报后，我的想法改变了。我觉得大家能从《西游记》中读出那么多不一样的感受并将它展示出来，是一件很具有创造性的事情。

【设计意图】使学生通过观看前期活动的照片，回忆在活动中的独特感受，更深入地感受书中人物的精神品质。

（二）小队合作，畅谈理想

师：在《西游记》这本书中，有很多让我们感动的人物。他们身上的精神品质值得我们每一位同学学习，尤其是他们一路始终追寻自己的理想，最后取得真经的精神。那么你的人生理想又是什么呢？

1. 各个小队合作，交流各自的理想，并派代表在全班交流。

生：我的理想是做一名导游，环游世界，品尝世界各地的美食，感受世界各地的文化风俗。

生：我的理想是做一名警察，因为我身体素质比较好，而且富有正义感。

师：有的同学是根据自己的兴趣爱好来确定理想的，有的则是根据自己

的有利条件来确定理想的。这是两个很棒的关于思考理想的角度和方法。

2. 师：然而，理想与现实还是有差距的，如何缩小差距，逐步接近梦想呢？

各小队讨论实现理想的条件，并派代表在全班交流。

【设计意图】由书中主要人物的精神品质入手，让学生感受到人物积极向上的力量，从而畅谈自己的理想，为自己的人生做好铺垫。

（三）敢于挑战，勇攀高峰

师：请你找到目前自己实现理想面临的最大困难，然后与大家交流。

生：我做事缺乏坚持不懈的精神，往往是三分钟热度。

生：我遇到困难时怕动脑筋，总喜欢找捷径。

生：我觉得我的爸爸妈妈可能不会支持我，他们会认为我的梦想太不切实际了。

生：我很想找一个志同道合的伙伴一起努力，可是看看身边好像没有这样的人。

师：你是否也有和他们一样的困难？其实办法总比困难多，请大家自由组队，共同寻找和制订战胜困难的最佳方案。

学生组成小队，讨论并制订解决困难的方案，全班交流。

师：相信有了刚才的思考和交流，有了解决困难的方法，同学们今后在实现人生理想的道路上会走得更从容、更坚定。

【设计意图】本环节旨在让学生明白，虽然有了理想，但实现起来困难重重，还需要克服很多障碍，并让学生明确自身存在的问题，从而更好地指导行动。

第四节　毕业礼，我们行

主题目标

1. 渲染小学即将毕业的情景，为"毕业礼，我们行"系列活动拉开序幕，强化人生发展的节点意识。

2. 培养策划能力和敏锐的感知力，能乐观地面对生活、自信大方地展示自己。

主题背景

小学毕业在即，这可能是许多学生人生中的第一个毕业典礼，因此先指导学生通过调查问卷、采访、网上搜索等方式初步了解本校、国内外中小学及大学毕业典礼的形式、内容、过程，再有的放矢地进行毕业典礼方案的设计，显得尤为重要。而在设计毕业典礼方案的活动中，为了调动学生的积极性和创造欲望，加深学生之间的友谊，加强学生之间的交流，发展参与、合作的社会意识，可采用小队竞赛、奖励招标等比较独特新颖的活动形式。

学情分析

小学毕业，是六年级学生成长过程中的重要节点。这个节点的育人价值是丰富多彩的，如典藏小学生活、积淀成长幸福、学会感恩回报等。同时，六年级学生的小队活动能力已经比较强，每个小队也形成了核心领导力量及比较好的团队合作方法。对他们来说，以小队的形式策划毕业典礼是最合适不过的。学生的毕业典礼策划意识也比较强，他们特别希望能在本次活动中产生新的成长力量，用阳光的心态、积极的行动投身其中，为即将结束的小学生涯画上一个圆满的句号，留下最美好的记忆。

活动安排

活动一：毕业典礼，我们憧憬
活动二：毕业典礼，我们调查
活动三：毕业典礼，我们聚焦
活动四：毕业典礼，我们策划
活动五：毕业典礼，我们参加

活动一：毕业典礼，我们憧憬

一、活动目标

1. 回顾六年的学习生活，形成积极向上的生活态度和自我欣赏的意识，从而更好地促进自己的健康成长。

2. 学会运用总结和比较的方法，选取成长记录的某些方面进行展示。

3. 通过对毕业典礼的憧憬，在与同学的充分交流中产生心灵的撞击，接受灵魂的洗礼，打好依依惜别的情感基调。

二、活动准备

1. 教师制作课件，准备几本有代表性的学生成长纪念册。

2. 学生回顾六年学习生活，制作"我的成长足迹"，纸质的、电子的均可；写《我心目中的毕业典礼》作文。

三、活动过程

（一）开放式导入

师：六年的小学生活一晃就要过去了，回顾这六年，件件往事都是那么值得回味。这学期我们班开展了"我的成长足迹"语文综合实践活动，每个人都制作了成长纪念册，为自己这六年的小学生活留下了难忘的印迹。

【设计意图】激发情感，酝酿情绪，使学生感受成长的快乐。

（二）核心过程推进

师：下面我们就来欣赏几位同学的深情回忆吧！

展示几名学生的"我的成长足迹"，制作者与其他同学互动。

师：毕业在即，我们即将上小学的最后一节班队课——毕业典礼，这可能是同学们人生中的第一个毕业典礼，不知大家有怎样的期待呢？课前大家已经进行了思考，写了《我心目中的毕业典礼》一文，下面我们一起来分享一下。

小队内互相传阅《我心目中的毕业典礼》的文章。

各小队综合成员的想法，进行全班交流。

【设计意图】通过对小学最后一次活动——毕业典礼的憧憬，使学生在与其他同学的充分交流中产生心灵的撞击，为接下来的活动做好准备。

（三）开放式延伸

师：同学们心目中的毕业典礼真是多姿多彩啊！接下来我们就要进入实战环节了。先开展"策划毕业典礼，我们先要了解什么"大讨论，根据内容成立若干特别行动队，切实展开行动。

【设计意图】开拓学生的思路，激发学生办好毕业典礼的愿望。

活动二：毕业典礼，我们调查

一、活动目标

1. 了解各类人群对毕业典礼的看法及多姿多彩的毕业典礼的形式，开拓思路，激发自己设计毕业典礼的欲望。

2. 培养团队合作、交流沟通以及对资源进行整理、分析、统计、整合、聚焦的能力。

二、活动准备

学生开展"策划毕业典礼，我们先要了解什么"大讨论，成立若干特别行动队。

三、活动过程

（一）开放式导入，明确调查任务

师：前几天，我们开展了"策划毕业典礼，我们先要了解什么"的大讨论，根据内容成立了若干特别行动队。下面每个小队就你们队的调查内容进行进一步的讨论，确定接下来的调查方案。

【设计意图】让学生明确接下来的活动目标。

（二）核心过程推进

1. 各小队交流调查方案。

（1）采访队：对涉及毕业典礼的各类人群进行采访。

① 教师：校长、学生发展处负责人、六年级各学科教师代表、教过本班的教师代表。

② 家长：本班学生家长、其他年级学生家长。

③ 学生：学校大队委成员、六年级各班学生代表。

（2）问卷队：设计针对全体六年级学生的有关毕业典礼的调查问卷，下发调查问卷。

（3）搜索一队：了解本校前两届毕业典礼及本校百年华诞庆典亮点。

（4）搜索二队：了解国内中小学及大学毕业典礼。

（5）搜索三队：了解国外中小学及大学毕业典礼。

【设计意图】通过调查，使学生了解各类人群对毕业典礼的看法，了解多姿多彩的毕业典礼的形式，开拓学生的思路。

2. 小队开展调查活动，收集和处理信息。

调查后，各行动队对资源进行整理、分析、统计、整合、聚焦，确定小队汇报的形式和内容。

（1）采访队：对采访过程中拍摄的几十段视频进行筛选，制作微视频《毕业典礼是什么》。

（2）问卷队：对300多份调查问卷进行分析，制作统计图表，谈发现。

(3) 搜索一队：观看本校前两届毕业典礼、本校百年华诞庆典的视频，通过照片定格呈现。

(4) 搜索二队：国内中小学及大学毕业典礼大搜罗，通过课件汇报。

(5) 搜索三队：国外中小学及大学毕业典礼大搜罗，分类介绍并进行情景剧表演。

【设计意图】培养学生对活动资源进行整理、分析、统计、整合、聚焦的能力。

(三) 开放式延伸

师：我们的调查活动有计划、有目标、有实效，活动非常成功，希望每个小队能在接下来的汇报中展示自己的调查成果，展示自己最美的风采。预祝大家汇报成功！

【设计意图】激发学生自己设计毕业典礼的欲望。

四、资料共享

有关毕业典礼的调查问卷

各位同学：

大家好！光阴荏苒，时光如梭，毕业的脚步正悄悄地向我们迈进。为了给同学们留下一个难忘的毕业典礼，我们特意设计了有关毕业典礼的调查问卷，希望大家认真填写，谢谢大家的支持与配合。期待我们在毕业典礼上的相会！期待我们的毕业典礼精彩纷呈！

1. 你认为毕业典礼重要吗？（　　）

　A. 非常重要　　　B. 比较重要　　　C. 一般　　　D. 无所谓

2. 你想参加毕业典礼的策划活动吗？（　　）

　A. 想　　　　　　B. 不想

3. 你想在毕业典礼中承担什么角色？（　　）

　A. 演员　　　　　　　　　　B. 观众

　C. 主持人　　　　　　　　　D. 其他_____

4. 你喜欢（　　）类型的毕业典礼？

　A. 庄重　　　　　B. 搞笑　　　　　C. 简单

　D. 浪漫　　　　　E. 其他_____

5. 你想在毕业典礼中看到（　　）类型的节目？

　A. 歌舞　　　　　B. 小品　　　　　C. 朗诵

　D. 游戏　　　　　E. 其他_____

6. 你认为毕业典礼可以有哪些人参与？（　　）（可多选）

A. 教师 　　　　　　　　　　　B. 学生

C. 家长 　　　　　　　　　　　D. 其他_____

活动三：毕业典礼，我们聚焦

一、活动目标

1. 通过调查问卷、采访、网上搜索等方式为接下来的毕业典礼方案策划做准备。

2. 培养交流沟通以及对信息进行整合、整理、统计的能力，增强参与、合作的意识。

3. 提升总结反思、现场学习的能力。

二、活动准备

1. 教师准备一名学生制作的电子成长纪念册、歌曲《最好的未来》音频。

2. 学生以小队为单位，准备相应的展示资料。

三、活动过程

（一）开放式导入

师：通过前期活动，我了解到每个同学心中都有对毕业典礼的美好憧憬。

带领学生观看一名学生制作的电子成长纪念册。

学生说说自己的感受。

【设计意图】创设氛围，让学生很快进入角色，进入课堂。

（二）核心过程推进

师：下面就请各个小队来分享一下你们的调查结果，在汇报的过程中可以与其他小队进行互动。

各小队进行汇报。

【设计意图】在小队合作汇报过程中，学生的交流沟通能力及对信息进行整合、整理、统计的能力有所提升，参与、合作的意识有所增强。

（三）开放式延伸

师：同学们，听了几个小队的汇报，你们对毕业典礼有了什么新的认识和想法？毕业典礼到底有什么独特的价值呢？

小队讨论，全班互动，谈收获、启发，最后聚焦到举行毕业典礼的价

值和意义上。

师：为纪念这个特别的时刻，接下来我们将开展"毕业典礼，我们策划"活动。希望大家以本次活动为契机，分小队设计毕业典礼方案，踊跃参与方案的评比活动，期待你们的精彩表现哦！最后送给大家一首歌《最好的未来》。

播放歌曲《最好的未来》音频。

【设计意图】小队内部、小队之间再次互动，与前期活动、开头环节相呼应，提升学生的总结反思能力和现场学习能力，为后续毕业典礼方案设计奠定感情基础。

四、资料共享

以下是学生的两篇随笔。

"毕业典礼，我们聚焦"班队课

前期，我们收集了很多关于毕业典礼活动的视频和资料。今天就要交流了，虽然我不需要讲什么话，但还是有些紧张。

上课前，老师给我们看了一段视频，是金书茗同学与她爸爸一起制作的成长纪念册《无忧的岁月》，里面都是她从小到大的照片。当看到金书茗和蒋圣毅、毛默涵一起拍的照片时，台下一阵笑声。小时候的他们笑得多么灿烂，至今回忆起来，还是觉得乐趣无穷呀！接下来进行汇报。我们小队第一个上场，"大家好，我们是采访队……"小队长余菲上去解说，并播放微视频《毕业典礼是什么》。这段视频分为三个篇章：教师篇、家长篇、学生篇。说实话，我们虽然参与了采访，可都没有完整看过这段微视频，所以对它充满了好奇。"教师篇"中，就属操老师最搞笑了，他一脸严肃，却让人不经意间就笑了起来。"家长篇"中，家长对孩子的关心令大家十分感动。"学生篇"中选取了各班的学生代表以及大队委成员的看法。总之，视频播放成功，我们松了口气。之后，便是其他小队进行汇报了。

这次汇报，让我知道了毕业典礼的重要性，也让我更期待我们的毕业典礼了。

（李盛妍）

紧张！不紧张！

今天上午第三节课，我可真紧张啊！听课老师很多，连校长都来了。

第一小队先介绍他们的微视频，这可是他们小队的心血，他们先后采访了教师、家长以及我们六年级每一个班的学生代表，让他们说说对毕业典礼的看法。他们队的成员个个参与其中，在小队长余菲的带领下，显得格外团结。随着一队一队介绍完，我也越来越紧张了，因为马上就要轮到我们了。随着钱老师一声"现在有请搜索二队"，我们上台了。说实话，当着这么多老师和同学互动交流，说不紧张是假的。还好我们的小队长完全不紧张，而我虽然只要说短短的几句话，却紧张得要命。轮到我了，我却平静了下来，大方流利地说完了我要说的话，虽然说最后一句的时候，声音有些小，但自我感觉还好，最起码比前几次有进步，但还有待提高，我要继续努力！

（姚烨）

活动四：毕业典礼，我们策划

一、活动目标

1. 初步了解学校活动的程序，初步具备策划班级、学校活动的能力。
2. 不断学习，及时调整方案，力求尽善尽美。
3. 培养团队合作、交流沟通的能力。

二、活动准备

学生以小队为单位，制订毕业典礼方案。

三、活动过程

（一）开放式导入

师：这几天，各小队集思广益，都制订了一份自认为非常完美的毕业典礼方案。这节课我们就来交流一下各小队的方案，希望在交流的过程中大家能碰撞出智慧的火花，设计出一份更为完美的毕业典礼方案！

【设计意图】通过对毕业典礼的设计和准备，学生初步了解学校活动的程序，初步具备策划班级、学校活动的能力。

（二）核心过程推进

各小队展示方案，互动点评。

全班讨论，选择最佳方案。

进一步完善，进入年级 PK。

开展毕业典礼方案公开评选活动，投票选出最佳方案。

【设计意图】通过小队展示、全班讨论，让学生不断学习，及时调整自己的方案，选出最佳方案。

（三）开放式延伸

最佳方案形成后，成立毕业典礼项目组，如后勤保障组、节目总导演等，进行毕业典礼准备。

【设计意图】以项目组为单位开展毕业典礼的准备活动，激发学生的参与热情，培养学生的组织能力。

活动五：毕业典礼，我们参加

一、活动目标

1. 唤起依依惜别的情感，激发胸怀理想、展望未来的豪情。

2. 亲身体验对小学生涯的回顾、总结和惜别，做好进入中学的心理准备。

二、活动准备

学生成立毕业典礼项目组，开展各项准备工作。

三、活动过程

（一）主持人开场

主持人主持，学校领导发言。

（二）才艺表演

这次的节目由海选产生。其中六年级学生的"歌曲联唱""魔术秀""青春舞曲""音书画""校园剧""诗朗诵"节目，展现了学生丰富多彩的校园生活；最后是已升入初中的学生带来的节目，象征着学生美好的未来……

（三）毕业游园

学生设计了独特的游园卡，卡片为明信片的式样，正面是学校的全景图和词《满江红·龙小颂》，背面左边是六个班的游园项目，右边可以写毕业赠言。

六年级（1）班项目："无言的骗局"。

六年级（2）班项目："汉字拼音对对碰"。

六年级（3）班项目："一站到底"。

六年级（4）班项目："气球投篮"。

六年级（5）班项目："知识大闯关"。

六年级（6）班项目："成语猜猜猜"。

（四）毕业聚餐

学生欢聚一堂，大屏幕上播放班级电子相册。课桌围成一圈，上面摆放着学生亲手制作的各种佳肴，大家一起分享、品尝。毕业蛋糕的分享更把活动推向了高潮。那一张张洋溢着幸福的笑脸，藏不住对母校的眷恋、毕业的快乐及对未来的憧憬。

四、资料共享

（一）毕业典礼方案

怀着梦想，启航！
——龙虎塘实验小学 2014 届小学生毕业典礼

【活动主题】怀着梦想，启航！

【活动目的】

1. 以简朴而新颖的毕业典礼彰显学生成长的历程，回顾六年的小学生活，表达对母校、对老师的感激和眷恋之情。

2. 通过毕业典礼展示六年来的教育成果，从中汲取成长的力量，增强踏入中学的信心。

【活动时间】6 月 29 日上午

【活动地点】报告厅

【参加人员】学校领导、全体六年级师生、家委会成员

【活动准备】

1. 主持人：蒋圣毅、余菲

2. 准备工作：

（1）横幅、主题标语、对联（忆七彩童年歌声与欢笑齐飞舞，追斑斓未来梦想伴成长同启航）由杨伟负责。

（2）伴奏音乐由殷利丹负责。

（3）现场音控、摄影由沈亚负责。

（4）课件制作由万一琴负责。

（5）会场布置由钱红霞负责。

（6）会场秩序、节目由各班正副班主任负责。

【主持词】

第一部分：开篇词

甲：尊敬的老师。

乙：亲爱的同学们。

合：大家上午好！

甲：今天，我们带着同窗之间的情谊，带着对母校的留恋，带着对美好未来的向往，最后一次在这里欢聚。

乙：又是一年盛夏时节，分别近在眼前。从前，我们总认为毕业遥遥无期，而今天，我们也站在了毕业典礼的舞台上。

甲：过去的时光将在此刻定格，未来的岁月将在此刻展望。六年来，我们在这里成长，而现在，我们即将展开日渐丰满的翅膀飞向远方。

乙：让我们拉开心灵的帷幔，用舞姿和歌声，用掌声和心语，为即将分别的彼此送上最真诚、最深厚的祝福。

合：龙虎塘实验小学2014届小学生毕业典礼，现在开始！

第二部分：领导发言

甲：六年来，我们在这里学习，在这里健康成长，在这里采撷丰硕的果实，这一切都离不开学校这片沃土。下面，有请钱校长为我们致辞。（校长致辞）

乙：感谢钱校长的致辞。教师是辛勤工作的园丁，我们是茁壮成长的幼苗。在六年的小学生活中，教师的谆谆教诲如春雨点滴入地，润物无声，令我们受益匪浅。在此，我代表六年级所有的毕业生对你们说声——

合：谢谢老师，你们辛苦了！

第三部分：才艺表演

甲：六年前，我们怀着彩色的梦想步入小学的校门。绿草如茵的操场，窗明几净的教室，天真烂漫的同学，和蔼可亲的老师，一切都是那么美好。看着一年级的学弟学妹们，仿佛看到了昨天的自己。请欣赏一年级的小朋友为我们带来的舞蹈。（学生表演）

乙：青春是多么美丽，发光发热，充满了色彩与梦幻。青春是书的第一章，是永不终结的故事。有人说，青春如歌，嘹亮而充满希望，美妙的歌声会给我们留下美好的记忆。下面请欣赏六年级同学的歌曲联唱。（学生表演）

甲：我们没有灿烂夺目的舞台道具，我们没有阵容强大的明星团队，但是我们有无穷的创意，我们有对未来的无限憧憬和渴望，这足以让我们的小学时光精彩纷呈。下面请欣赏范培杰、丁小龙等同学带来的魔术表演。（学生表演）

乙：感谢他们的精彩表演。在年轻一代的颈项上，没有什么比青春这

颗灿烂的珠宝更迷人。下面请欣赏六年级的同学们为我们带来的青春舞曲。（学生表演）

甲：感谢同学们的精彩表演。门德尔松说过："一首我喜爱的乐曲，所传给我的思想和意义是不能用语言表达的。"一首动人的曲子，足以使人得到鼓舞和力量。一首曲子如同我们的一生，最重要的不在于旋律的开始，而是在于把它继续演绎下去，发展成完满的艺术形象，发展成圆满的一生。下面请欣赏音书画表演。（学生表演）

乙：我们就要离开了，满载多年的累累硕果；我们就要离开了，满载母校师生的切切深情——今天，我们是春天田野里的一株幼苗；明天，我们是让母校引以为豪的栋梁之材。下面请欣赏六年级（5）班的同学带来的校园剧《我的未来不是梦》。（学生表演）

甲：可亲可敬的师长，我们读懂了您那谆谆的教诲和深情的目光；相知相爱的学友，我们共同品尝了属于我们的欢乐和追求。在我们即将离开母校的时刻，让我们捧出一颗感恩的心，感谢我们的母校，感谢我们的师长，感谢我们的学友。下面请欣赏六年级（2）班的同学为我们带来的诗朗诵《六月告白》。（学生表演）

乙：同学们，毕业不是休止符，而是美妙的乐段，是对明天的呼唤，是充满希望和奋斗的新起点。请欣赏初中的学姐们为我们带来的表演。（学生表演）

第四部分：颁发证书

甲：六年的小学生活就要结束了。这既是一个句号，也是我们人生途中的一个逗号。

乙：我们会以此为起点，走向更高、更远的地方。下面有请各班班长上台领取本班毕业证书，有请钱校长为他们颁发毕业证书。（颁发证书）

合：让我们用热烈的掌声对自己表示祝贺！

第五部分：结束

甲：尽管我们一踏进小学的校门就知道会有毕业的一天，但是，当告别的日子终于成为现在进行时，我们也不免感慨万千。

乙：时光的流逝也许会冲淡许多记忆，会沉淀许多过往，但是有些真挚的情谊是我们一辈子都无法忘怀的。

甲：即将与小学生活挥手话别，我们的心中惆怅不已。我们即将离开，像是不愿告别的儿女，紧紧牵扯着母亲的衣衫。

乙：但我们必须离开，这是一次腾飞的壮举，我们肩上担负着为祖国、为母校、为自己争光的使命。

甲：今天，我们将告别母校，走向新的目标；明天，我们将用更出色的成绩向母校汇报。

合：希望同学们在未来的道路上能有一番作为，希望所有默默关注我们的老师桃李满天下。最后让我们在校歌中结束今天的毕业典礼！全体起立，齐唱校歌！（学生齐唱校歌）

（二）才艺表演节目单

1. 舞蹈串烧。

2. 歌曲联唱（由耿周霖、姚志娟老师负责）。

（1）《春晓》：齐唱。

（2）《童年》：六年级（5）班的李永旭。

（3）《我们都是好孩子》：六年级（1）班的四位同学。

（4）《隐形的翅膀》：六年级（6）班的四位同学。

（5）《我相信》：六年级（2）班的六位同学。

3. 魔术表演：丁小龙、蔡林雪、丁骁、范培杰（由杨建芬老师负责）。

4. 青春舞曲（由刘杏妹老师负责）。

（1）拉丁舞《女兵》：余菲、鲍金馨、姚迪、任玲玲、范筱奕。

（2）《咏春》：高可欣、石佳佳等七人。

（3）《加油歌》：六年级（5）班的赵子晴等。

5. 音书画（由钱红霞老师负责）。

小提琴：蒋圣毅、李书芸。

二胡：赵凌浩。

书法：李淑婷（草书）、金书茗（隶书）、袁心怡（篆书）、杨欣宇（行书）、石俊杰（楷书）。

绘画：宋琪悦（卡通画）、葛逸菲（素描）、刘丹妮（国画）。

6. 校园剧《我的未来不是梦》：六年级（5）班学生（由杨楹老师负责）。

7. 诗朗诵《六月告白》：六年级（2）班学生（由钱红霞老师负责）。

8. 初中生节目。

后 记

  背依浩渺长江，南邻京沪高铁，藻江河畔沃野环绕，小桥流水争俏，常州市新北区龙虎塘实验小学这所百年老校散发着浓浓的江南风情，在百舸争流的教育大潮中，彰显着蓬勃的生命力！

  2012年，学校申报省级课题"为学生诗意人生奠基的文化变革研究"成功，确立诗意教育理念并执着践行。2015年，学校申报"学校核心文化理念下'诗意课程'建构与实践研究"，着手构建实施诗意课程。学校经过多年的研究与探索，在学校管理、课程建设、师生成长等方面获得了长足发展。

  今天，龙小师生们在研究实践的基础上，编著了诗意教育系列教材、论著。这套书籍涵盖了学校诗意管理、少儿国学教育、诗意成长课程、龙娃阅读课程、龙娃玩数学、龙娃看世界、玩转篮球课程等，是学校管理团队和各领域的教师们集多年研究实践之功，在与专家、家长、学生的共同合作下完成的。在此，我们要感谢教育部南京师范大学课程研究中心的学术支持，特别是吴永军教授的长期指导，还要感谢华东师范大学"生命·实践"教育学研究院李家成等教授的定期指导。

  "藻江河畔千帆竞，天工人巧日争新。"我们相信，在岁月的流逝中，诗意教育必将慢慢释放出醇香，"为诗意人生奠基"的育人理念亦将更加丰厚，风姿更加迷人！

钱丽美

江苏凤凰教育出版社
《行知工程》系列丛书目录

系列	序号	书　　名	作者	定价
教育求索系列	1	《让诗意润泽心灵——德育校本课程的开发与实施》	陈亚兰	40.00
	2	《联想形象识字教学——让学生感悟汉字神韵》	侯忠彦	50.00
	3	《思维导图教学法：一位历史老师的教学探索》	罗培生	35.00
	4	《让经典滋养人生——名著导读教学策略（中学）》	郑建忠	35.00
	5	《关注每一位儿童的发展 　　　——语文小班化教学的探索和实践》	何慧玲	40.00
	6	《让生命诗意地栖居——诗意教育的理念建构与实践探索》	钱丽美	40.00
	7	《怎样上好语文课——时鹏寿解析精彩课例》	时鹏寿	45.00
	8	《让书香浸润生命——时鹏寿伴你品读经典》	时鹏寿	35.00
	9	《开在手心里的花——一位优秀教师的教育情怀》	詹雪莲	40.00
	10	《学科建设与教师发展——中学数学》	杨志文	30.00
	11	《欣说教育那"一亩三分地" 　　　——一位一线教师的教育微思考》	王庆欣	30.00
	12	《爱的守望——一位一线教师对教育的坚守》	林卫红	30.00
	13	《思政教学的人文力量》	戴晓华	30.00
	14	《师道新说——给教育者的30条箴言》	徐　卫	30.00
	15	《快乐数学——初中数学教学方式探索》	孙国芹	36.00
创新教学探索系列	16	《学校体育密码》	连仁都	36.00
	17	《我家住在〈诗经〉里》	李日芳	40.00
	18	《〈红楼梦〉里的语文课》	李日芳	30.00
	19	《品世界名画，学精彩作文 　　　——特级教师的"名画"作文教学法》	李日芳	36.00
	20	《学生数学整体思维培养 　　　——小学数学结构化教学的探索与实施》	颜春红	45.00
	21	《基于核心素养的体育与健康校本课程建设》	赵卫新	35.00
	22	《把古文教活——激活文言文课堂的教学策略》	刘小华	35.00
	23	《做童年面前最合适的人——我和孩子们的"童化语文"》	曹丽秋	30.00
	24	《玩出精彩作文——张化万活动作文教学经典策略》	张化万	35.00
	25	《让学生把母语用精彩——"语用课堂"的探索与实践》	佘小红	30.00
	26	《"备"出课堂精彩——备学式教学的课堂实践与思考》	张旭兰	30.00
	27	《神奇的阅读教室——带学生踏上美妙的阅读之旅》	李祖文	30.00
	28	《打造有生命力的课堂 　　　——"两步八环节"教学模式探索与实践》	查联智	30.00
	29	《最能培养学生探究能力的课堂 　　　——小学科学与信息技术单元整体课程实施与评价》	李怀源	30.00

系列	序号	书　　　名	作者	定价
创新教学探索系列	30	《最能激发学生运动天赋的课堂——小学体育单元整体课程实施与评价》	李怀源	30.00
	31	《最能提升学生艺术素养的课堂——小学艺术单元整体课程实施与评价》	李怀源	30.00
	32	《"生命语文"探索——焕发语文生命力的思考与实践》	王自成	30.00
	33	《粘连作文教学：让习作成为有个性的自我建构》	黄瑞夷	30.00
	34	《备学式教学——在体验中建构数学思维》	单广红 范雪梅	30.00
	35	《向着自主进发——自主教育的创新实施智慧》	朱亚红	30.00
	36	《写中学——让学习更有效的学科写作教学》	钟传祎	30.00
	37	《小学科学实验总动员——大科学课堂有效提升学生创新力》	江美华	30.00
	38	《小学语文单元整体课程实施与评价》	李怀源	30.00
	39	《小学英语单元整体课程实施与评价》	李怀源	30.00
	40	《小学数学单元整体课程实施与评价》	李怀源	30.00
	41	《让教学更能激发智慧——"思维碰撞"课堂的建构与实施》	程和方	30.00
	42	《构建语文综合课新模式——家庭、社区、学校协同教学》	黄瑞夷	40.00
	43	《自主创新让教学成为有效引领》	蔡隽	30.00
教育思想者系列	44	《父母要成为子女的精神导师——五个孩子走向卓越的奥秘》	陶继新	43.00
	45	《治校之道——中学名校长的办学智慧(1)》	陶继新	40.00
	46	《品鉴教育文化盛宴——陶继新序跋屯集》	陶继新	45.00
	47	《为什么而出发——一位研究者对教育本质的沉思》	齐健	35.00
	48	《高效教学的道与术——陶继新教育讲演录》	陶继新	30.00
	49	《铸造一流教育品质——陶继新区域教育巡礼》	陶继新	35.00
	50	《名校之道——陶继新对话名校长(1)》	陶继新	30.00
	51	《名校之道——陶继新对话名校长(2)》	陶继新	35.00
	52	《教育，一切从孩子出发》	黄俭	30.00
新父母教程	53	《一年级的孩子》	陈文芳	28.00
	54	《二年级的孩子》	陈文芳	28.00
	55	《三年级的孩子》	钱静霞	28.00
	56	《四年级的孩子》	谢云	28.00
	57	《五年级的孩子》	陈春	28.00
	58	《六年级的孩子》	袁卫星	28.00
	59	《七年级的孩子》	焦晓骏	28.00
	60	《八年级的孩子》	钟杰	28.00
	61	《九年级的孩子》	凌宗伟	28.00
国际教育系列	62	《美国教育面面观——一位特级教师眼中的美国教育》	邵淑红	35.00

系列	序号	书　　　名	作者	定价
教师软实力系列	63	《教师人际沟通力》	黄爱华　夏丽娟	38.00
	64	《班主任教导力》	黄爱华　戴诗银	38.00
	65	《教师执业道德力》	黄爱华　夏丽娟	38.00
精彩课堂系列	66	《基于核心素养的数学教学》	赵红婷	35.00
	67	《中学生核心写作能力培养》	陶波	36.00
	68	《给孩子更好的数学课堂》	易增加	30.00
	69	《小学生阅读素养的提升策略》	邵巧治	35.00
	70	《从语文素养走向生命成长——小学语文读写课堂教学密码》	曾海玲	30.00
	71	《真实的品德课》	朱淑秀	30.00
	72	《英语课堂学习共同体——新型的师生交互学习场》	杨延从	30.00
	73	《指导自主学习——初中数学学与教的研究与实践》	刘其武	30.00
	74	《玩出精彩的课堂——小学低年级教与学方式转变研究》	陶红松	30.00
	75	《让生命之花自主绽放——语文个性化教学建构策略》	商德远	30.00
	76	《让学生亲历知识——主体参与下体验式学习的实施策略》	何世祥	30.00
名校系列	77	《从校本课程走向学校课程——锡山高中课程探索之路》	唐江澎等	35.00
	78	《让每个孩子都成志——清华附小主题阅读课程的实施探索》	窦桂梅	30.00
	79	《让每个孩子都成志——清华附小主题实践课程的实施探索》	窦桂梅	35.00
	80	《向着朝阳走去——清华附小合作办学实践探索》	窦桂梅	30.00
名师成长系列	81	《情怀·智慧·境界——教育名家演讲录（1）》	钟惠河　李韫琬	30.00
校长领导力系列	82	《学校细节管理的执行力》	林文明　王林发	30.00
	83	《校长智慧统筹的领导力》	谢耀丰　蔡丽姗　王林发	30.00
	84	《学校持续发展的研究力》	林文智　宋佳敏　王林发	30.00
	85	《学校和谐融洽的协作力》	陈一平　郭雪莹　王林发	30.00
	86	《学校教育提升的引领力》	谢文东　关敏华　王林发	30.00
	87	《学校团队成长的学习力》	黄纪　蔡美静　王林发	30.00
	88	《学校高效管理的创新力》	张旭	30.00
	89	《学校成功管理的决策力》	邱黎明	30.00
	90	《高品质学校生长要素》	王益民	30.00
	91	《校长高效教学领导力提升策略》	徐世贵　郭文竒	30.00

系列	序号	书　名	作者	定价
新思维系列	92	《让后进生学习有后劲之36计》	严育洪	30.00
	93	《教育中的"不一定"——打破教育的19种思维惯式》	严育洪	30.00
教师修炼系列	94	《如何炼就课堂好声音——教师美嗓保健实用宝典》	薛建洲	30.00
	95	《与学生一起成长——90后教师的心路反思》	王晗	30.00
	96	《教育，爱与宽容——教师心灵礼仪修炼》	许力争	30.00
教育家核心思想系列	97	《叶圣陶论写作》	叶圣陶 著 李怀源 选编	30.00
	98	《叶圣陶谈阅读》	叶圣陶 著 李怀源 选编	30.00
	99	《多元智能理论的本土化应用》	刘治富	30.00
	100	《大教育家最具施教力的教学思想》	白刚勋	30.00
解码学生心理系列	101	《在人生的春天播种 ——十四岁，写给青春的一封信》	白宏宽	30.00
	102	《孩子问题行为一点通 ——只有好老师才知道的学生心理谜底》	严育洪	30.00
校本研修系列	103	《徜徉语文教研》	肖俊宇	35.00
	104	《校本研修资源的开发与利用》	陈朝林	30.00
	105	《校本研修与教师专业成长》	吴积军	30.00
	106	《卓越教师经典研修成长策略》	刘天宝等	30.00
	107	《特色校本课程开发范例解读》	刘永平 李秀伟 张雪梅	30.00
	108	《高效校本研修模型构建艺术》	刘素雁	30.00
	109	《走向实践的教研——中小学教育科研引领与应用》	江敏	30.00
教育管理力系列	110	《缔造唯美教育——延奎小学素质教育实施策略》	易增加	30.00
	111	《让普通学校崛起的20个细节 ——"生命为本"教育团队成长密码》	李其玉	30.00
	112	《"走"出教育的精彩：走动式学校管理文化构建》	罗军	30.00
	113	《校长兵法：学校管理四十六计》	皮大鹏	30.00
班级文化系列	114	《活力班级的文化建设》	胡珏	30.00
	115	《做幸福的班主任》	吕丽	26.00
教学高效能系列	116	《高效能教师的10个好习惯（中学卷）》	张瑾	30.00
	117	《让作文落地生根——提高写作实效的教学策略》	黄桂林	30.00
	118	《高效能作文教学5项修炼》	陈步华	30.00
	119	《高效能校长的10个好习惯》	张勤	30.00
	120	《高效能教师的10个好习惯（小学卷）》	谢英	30.00
	121	《高效能语文教学5项修炼》	王其华	30.00

系列	序号	书　　名	作者	定价
新课程探索系列	122	《语文新课程的批判与重建》	葛桂斌	30.00
美国名师教学译丛	123	《美国名师游戏教学本土化应用：幼儿园》	（美）玛西娅 L. 泰特 著 胡珍　瞿菁　编译	30.00
美国名师教学译丛	124	《美国名师游戏教学本土化应用：小学英语》	（美）玛西娅 L. 泰特 著 杨永华　张心影　编译	30.00
美国名师教学译丛	125	《美国名师游戏教学本土化应用：小学数学》	（美）玛西娅 L. 泰特 著 谢艳红　编译	30.00
美国名师教学译丛	126	《美国名师游戏教学本土化应用：小学科学》	（美）玛西娅 L. 泰特 著 刘丽萍　编译	30.00
美国名师教学译丛	127	《美国名师游戏教学本土化应用：小学社会》	（美）玛西娅 L. 泰特 著 姜梅芳　编译	30.00
美国名师教学译丛	128	《美国名师游戏教学本土化应用：小学音体美》	（美）玛西娅 L. 泰特 著 尹立志　编译	30.00
鲁派名师名校·教育校园生态化系列	129	《悦读立人——校园阅读文化体系构建策略》	杨世臣	30.00
鲁派名师名校·教育校园生态化系列	130	《教育智慧何处来——一位特级教师的思考手记》	付立金	30.00
鲁派名师名校·教育校园生态化系列	131	《和雅文化——校本课程的创新构建》	汤善香	30.00
鲁派名师名校·教育校园生态化系列	132	《让个性绽放精彩——学校课程体系整合与创生》	谢建伟　徐淑萍	30.00
鲁派名师名校·教育校园生态化系列	133	《让每个学生都幸福——最能润泽生命的学校文化建设》	谢建伟　张新喜	30.00
鲁派名师名校·教育校园生态化系列	134	《文化管理——构建生态和谐校园的必由之路》	付全新	30.00
鲁派名师名校·教育校园生态化系列	135	《点燃学习的激情——构建校园生态化学习型组织》	杨树岳	30.00
鲁派名师名校·教育校园生态化系列	136	《课改突围——构建学校生态化教学体系》	杨树岳	30.00
教育新思考系列	137	《语文教育向何处去》	王丛	26.00
教育新思考系列	138	《教育，就是做好普通的事》	孙志毅	27.00
教育新思考系列	139	《走出语文的偏见——让学生体悟文本的原义》	丛智芳	30.00
教育新思考系列	140	《让语文教学更高效——批注式阅读教学探索》	韩中凌	30.00
教育新思考系列	141	《读写互促——探寻学以致用的语文教学》	曹龙	30.00
教育新思考系列	142	《跳出数学教数学——用文化融通数学教学》	马建秀	27.00
名师感悟系列	143	《让心灵伴着歌声成长——22位音乐名师的教育智慧》	陈璞	30.00
名师感悟系列	144	《超越自我的教师——32位名师的成长感悟》	李卫东　李秀伟	35.00
名师感悟系列	145	《心灵的守护者——19位名班主任的教育智慧》	王晓松　曲文弘	30.00
名师感悟系列	146	《名师感悟班主任有效工作艺术90例》	符礼科	30.00
名师感悟系列	147	《名师感悟有效教学90例》	林高明　徐玉烟	30.00

系列	序号	书　　名	作者	定价
信息化教学系列	148	《巧用白板教语文——信息技术与语文教学操作指南》	蒋丽清	30.00
	149	《跨越式实现高效课堂——信息技术与课程整合高效教学方案评析》	陈　玲　刘　禹	30.00
教师必读系列	150	《教师必学的16堂修养课》	武宏伟	30.00
	151	《教师不可不知的教学心理效应》	叶勇军	30.00
	152	《班主任不可不知的管理效应》	奚一琴	30.00
	153	《教师不可不知的教育心理效应》	孙　媛	30.00
	154	《校长不可不知的管理效应》	谢申刚　张金豹	30.00
	155	《成为好教师的7项修炼》	王福强　李维华	30.00
	156	《如何让学生会学习》	龙　冰	30.00
	157	《如何让学生爱学习》	周震宇　许小燕	30.00
核心教学主张系列	158	《新生代语文名师核心教学主张》	许友兰	30.00
行思讲坛系列	159	《灵动而朴素地教语文——潘文彬的微格教育生活》	潘文彬	30.00
	160	《师爱无疆——润泽学生心灵的教育故事》	侯忠彦	30.00
	161	《怎样反思更有效——促进教师专业发展的反思策略》	诸贝贝	30.00
	162	《成为高度自觉的教育者——写给后课标时代的数学教师》	许卫兵	30.00
	163	《哲思数学课》	刘全祥	30.00
	164	《智慧数学课——黄爱华教学思维的实践策略》	黄爱华	30.00
	165	《童趣数学课》	徐　芳	30.00
	166	《把学生教聪明》	严育洪	30.00
	167	《教师最应该规避的教育误区》	杨坤道	30.00
	168	《用语文的方式教语文——潘文彬教学主张与实践智慧》	潘文彬	30.00
	169	《怎样让阅读教学更有效——提升教学能力的十种读诵模式》	汪秀梅	28.00
	170	《让生命在润泽中起舞——当代小学生最需要的主题班会》	吴联星　罗　琳　冯卫东	30.00
	171	《让生命欢快拔节——当代中学生最需要的主题班会》	冯卫东　吴联星	30.00
	172	《课堂因生成而精彩——高效教学的生成智慧》	张文质	30.00
	173	《回到每一个人的生命化教育——张文质二甲中学教育行动录》	张文质	30.00
	174	《中小学生如何学会合作》	张玉彬　刘昕昱	40.00

系列	序号	书　　　名	作者	定价
中国教育变革之路丛书	175	《百年树人师何为 　　——教师队伍建设困顿与出路》	将丽珠　李玉向	30.00
	176	《入园何时不再难 　　——学前教育困惑与抉择》	曾晓东 范　昕　周　慧	30.00
	177	《三尺书桌何处寻 　　——流动人口子女教育困难与破解》	范先佐	30.00
	178	《苦旅何以得纾解 　　——高考改革困境与突破》	郑若玲	30.00
	179	《择校纠结何时了 　　——择校问题困局与治理》	曾晓东　周文海 　　　曾娅琴	30.00
创新教学思想系列	180	《"大问题"教学的形与神》	黄爱华　张文质	30.00
教育漫笔系列	181	《课堂，诗意地栖居》	吴书华	30.00
教学系列提升	182	《有思想地教阅读 　　——让学生学会品读文字真意》	王学东	30.00
提升教育艺术系列	183	《藏在师生体态语言里的教学智慧》	张　宇　廖生波	30.00
教学全手册系列	184	《小学习作教学全手册》	郭家海	30.00
	185	《中学写作教学全手册》	郭家海	30.00
	186	《情境教学操作全手册》	冯卫东	35.00
	187	《合作教学操作全手册》	李春华	35.00
	188	《探究教学操作全手册》	周新桂	35.00
	189	《自主教学操作全手册》	诸葛彪	35.00
	190	《创新教学操作全手册》	王　玮	35.00
	191	《班主任工作全手册》	刘沛华	35.00
	192	《新教师工作全手册》	周震宇	35.00
	193	《学生心理健康教育全手册》	刘海莉　刘春杰	35.00
	194	《高效教学操作全手册》	马友平	35.00

系列	序号	书　　　名	作者	定价
创新人才培养系列	195	《创新人才培养校园科普精品课程开发与指导——人大附中创新人才培养》	罗　滨	30.00
	196	《创新人才培养特色校本课程开发与创新人才培养——清华附中"国际安全下的科学技术"课程构建与实施》	王殿军　方　研　赵宏雁	30.00
	197	《创新人才培养：学校实验室建设与管理》	刘克文　杨发丽　杨　平	30.00
	198	《创新人才培养：数学探究活动开发与指导》	马云朋　韩继伟	30.00
	199	《创新人才培养：化学研究活动开发与指导》	王　磊	30.00
	200	《创新人才培养：物理探究活动开发与指导》	廖伯琴	30.00
	201	《创新人才培养：地理探究活动开发与指导》	张建珍　陈　澄	30.00
	202	《创新人才培养：生物探究活动开发与指导》	张迎春	30.00
	203	《创新人才培养：理念探索与思维突破》	王晶莹	30.00
新生代通派名师系列	204	《简约数学教学》	许卫兵	30.00
	205	《语文教学的本真——情意课堂展现母语之美》	吴建英	30.00
	206	《语文课堂的理想追求——欢快达成三维目标》	董一红	30.00
	207	《阅读教学的真髓——意象构建读出文学的真美》	祝　禧	30.00
	208	《美术教育的真谛——审美人生教育让生命绚丽成长》	陈铁梅	30.00
	209	《语文教学的理想境界——无痕教学润泽生命》	李　凤	30.00
	210	《儿童作文的本义——嬉乐作文让儿童乐并成长着》	王笑梅	30.00
	211	《名师是怎样炼成的》	王建明　王笑君	35.00
幼师成长系列	212	《幼儿行为背后——教师如何读懂幼儿的心思》	吴亚英	30.00
	213	《最具教育力的22种幼儿教育思想》	杨　达	30.00
	214	《幼儿教师必知的安全应急措施》	杨　达	30.00
	215	《幼儿教师必备的教育技能》	李　玲	30.00
	216	《卓越园长21条幼儿园管理策略》	周　丹　江东秋	30.00